城市道路交通组织设计
系列手册

HANDBOOK OF
URBAN ROAD REGIONAL TRAFFIC OPERATION
DESIGN

城市道路区域交通组织设计手册

公安部交通管理科学研究所

编著

机械工业出版社
CHINA MACHINE PRESS

《城市道路区域交通组织设计手册》总体上分为"基本概念篇""基本方法篇""综合应用篇"三个部分，着重从城市道路区域交通时空资源的精细化和系统化利用方面，介绍了改善区域交通安全、提高区域交通整体效率等的基本原理、方法及经验做法。具体内容包括区域交通调查与分析，区域交通组织基本方法，主城区、学校、医院、商业区、景区、大型活动、交通枢纽、老城区等的交通组织方法。书中还提供了大量实际应用案例，为城市道路区域交通组织设计方法的落地应用提供借鉴和参考。本书可供交通管理部门、大专院校、科研院所、设计咨询公司等单位的专业人员阅读参考。

图书在版编目（CIP）数据

城市道路区域交通组织设计手册 / 公安部交通管理科学研究所编著. —北京：机械工业出版社，2024.1

（城市道路交通组织设计系列手册）

ISBN 978-7-111-74608-9

Ⅰ. ①城… Ⅱ. ①公… Ⅲ. ①城市道路 - 设计 - 手册 Ⅳ. ①U412.37-62

中国国家版本馆CIP数据核字（2024）第040195号

机械工业出版社（北京市百万庄大街22号　邮政编码100037）
策划编辑：李　军　　　　责任编辑：李　军　刘　煊
责任校对：潘　蕊　王　延　责任印制：单爱军
北京虎彩文化传播有限公司印刷
2024年4月第1版第1次印刷
184mm×260mm・16印张・2插页・306千字
标准书号：ISBN 978-7-111-74608-9
定价：169.00元

电话服务　　　　　　　　网络服务
客服电话：010-88361066　机 工 官 网：www.cmpbook.com
　　　　　010-88379833　机 工 官 博：weibo.com/cmp1952
　　　　　010-68326294　金 书 网：www.golden-book.com
封底无防伪标均为盗版　机工教育服务网：www.cmpedu.com

"城市道路交通组织设计系列手册"

指导委员会

主　任：李江平

副主任：李　伟　王长君　孙正良

委　员：李　辉　韩书君　黎　刚　王　健
　　　　刘东波　戴　帅　曹长剑　马万经
　　　　陆　建　李瑞敏　金　盛　姜文龙
　　　　张水潮　戴继锋　顾金刚

《城市道路区域交通组织设计手册》

编撰委员会

主　编：蔡　岗　公安部交通管理科学研究所
　　　　王　昊　东南大学

副主编：张国强　东南大学
　　　　王建强　公安部交通管理科学研究所
　　　　王树盛　江苏省规划设计集团有限公司

参　编：顾金刚　公安部交通管理科学研究所
　　　　钱　晨　公安部交通管理科学研究所
　　　　何广进　公安部交通管理科学研究所
　　　　徐　棱　公安部交通管理科学研究所
　　　　树爱兵　公安部交通管理科学研究所
　　　　郜俊成　南京市城市与交通规划设计研究院股份有限公司
　　　　孔　雷　南京市城市与交通规划设计研究院股份有限公司
　　　　朱　丽　苏交科集团股份有限公司
　　　　贲莉莉　苏交科集团股份有限公司
　　　　殷秋敏　南京市公安局交通警察支队
　　　　柏海舰　合肥工业大学
　　　　程泽阳　合肥工业大学
　　　　白　桦　华设设计集团股份有限公司
　　　　张　南　西南交通大学
　　　　叶彭姚　西南交通大学
　　　　邓　军　深圳市蕾奥规划设计咨询股份有限公司
　　　　张清源　深圳市蕾奥规划设计咨询股份有限公司
　　　　汪益纯　江苏省规划设计集团有限公司

前　言

随着我国城市社会经济的快速发展和城镇化进程的不断推进，城市道路交通量迅速增长，交通拥堵、交通事故、环境污染等问题日益加剧，制约了城市的社会经济发展。2015年召开的中央城市工作会议明确提出，要"加强城市精细化管理，着力解决城市病等问题"。为深入贯彻中央城市工作会议精神，推动治理交通拥堵、出行难、停车难等"城市病"，公安部等四部委决定进一步创新城市道路交通管理模式，从2017年起在全国组织实施"文明畅通提升行动计划"，并明确提出"交通组织提升工程"等五大主要任务措施。2023年公安部在全国大力实施"城市道路交通精细化治理提升行动"，要求用绣花的功夫完善管理、科学治理、优化服务。在此背景下，有必要组织编撰具有中国特色的城市道路交通组织设计手册，用于科学指导各地的城市道路交通拥堵治理工作。

根据当前城市道路交通组织管理工作的实际需要，我们拟编撰以下系列手册：平面交叉口渠化设计、交通信号控制设计、指路标志设置设计、主干路交通组织设计、快速路交通组织设计、区域交通组织设计、路内停车管理设计、公交优先交通组织设计、施工作业交通组织设计、智能交通管理系统结构和功能设计等手册。手册的内容既有基础理论的介绍，又有实战经验的总结，力求通俗、易懂，对解决实际问题有较强的指导性和可操作性。

本分册为《城市道路区域交通组织设计手册》，着重从城市道路区域交通时空资源的精细化和系统化利用方面，介绍改善区域交通安全、提高区域交通整体效率等基本原理、方法及经验做法。具体内容包括区域交通调查与分析、区域交通组织基本方法、主城区交通组织、学校交通组织、医院交通组织、商业区交通组织、景区交通组织、大型活动交通组织、交通枢纽交通组织、老城区交通组织等。根据区域交通的特征和交通组织特点，本书还提供了具体、详实的实际应用案例供读者借鉴和参考。

本分册编撰工作由公安部交通管理科学研究所牵头，联合东南大学、江苏省规划设计集团有限公司、南京市城市与交通规划设计研究院股份有限公司、苏交科集团股份有限公司、合肥工业大学、华设设计集团股份有限公司、西南交通大学、深圳市蕾奥规划设计咨询股份有限公司等单位共同完成。在编撰过程中，从需求调研、素材收集、案例整理，到编辑整合、汇编成册，各单位分工合作、反复研修，付出了很大的努力和心血，在此由衷地表示感谢！济宁、大庆、扬州和长沙等城市的公安交通管理部门为手册提供了丰富的实战案例，并在技术应用方面提供了宝贵的建议和帮助，在此表示感谢！同时，还要对引用参考的所有文献的机构和作者表示感谢！

本手册的编撰和出版得到了公安部交通管理局的大力支持，在此表示衷心的感谢！

由于编者水平有限，文中难免出现疏漏和不当之处，敬请批评指正！

编　者

2023年10月

目 录

前言

第一部分　基本概念篇 001

第1章　概述 ...002
1.1　区域交通组织定义 ...002
1.2　区域交通组织类型、原则与内容 ...002
  1.2.1　区域交通组织类型 ...002
  1.2.2　区域交通组织原则 ...003
  1.2.3　区域交通组织内容 ...004

第2章　区域交通调查与分析 ...005
2.1　交通调查 ...005
  2.1.1　背景交通调查 ...005
  2.1.2　大型交通发生源调查 ...010
2.2　交通供需分析 ...011
  2.2.1　路网机动车承载能力分析 ...011
  2.2.2　公交供需分析 ...013
  2.2.3　停车供需分析 ...014
  2.2.4　慢行交通供需分析 ...015
2.3　交通量预测 ...016
  2.3.1　背景交通量预测 ...016
  2.3.2　项目交通量预测 ...017

第3章　区域交通组织基本方法 ...021
3.1　区域交通组织优化思路 ...021
3.2　区域交通组织设计流程与内容 ...022
  3.2.1　区域交通组织设计流程 ...022
  3.2.2　区域交通组织设计内容 ...023
3.3　区域交通组织方法 ...023
  3.3.1　典型区域的交通组织要点 ...023
  3.3.2　典型交通组织方法 ...024

第二部分　基本方法篇 ...027

第4章　主城区交通组织 ...028
4.1　交通组织总体规划 ...028
4.2　区域分级管理策略 ...028
4.3　重点道路和节点的交通组织 ...029
4.4　过境交通组织 ...030
4.5　重点车辆管理 ...030
4.6　交通需求管理 ...031
  4.6.1　错时上下班 ...031
  4.6.2　尾号限行 ...032
4.7　机动车道管理 ...032
  4.7.1　单向交通 ...032
  4.7.2　变向交通 ...033
  4.7.3　专用车道 ...034

第5章　学校交通组织 ...036
5.1　交通运行特点 ...036
  5.1.1　学校周边区域影响范围划分 ...036
  5.1.2　学校交通运行特点和存在的主要矛盾 ...036
  5.1.3　学校区域交通组织的常见问题 ...038
5.2　改善措施 ...038
  5.2.1　学校区域交通组织和优化原则 ...038
  5.2.2　学校交通组织优化思路及主要措施 ...040

第6章　医院交通组织 ...043
6.1　交通运行特点 ...043

6.1.1 医院周边区域影响范围 ...043
6.1.2 医院交通运行特点 ...043
6.1.3 医院交通拥堵机理 ...044
6.1.4 医院交通组织的主要问题 ...044

6.2 改善措施 ...045
6.2.1 医院内部交通改善方法 ...045
6.2.2 医院周边交通改善方法 ...047
6.2.3 医院交通改善体系 ...048

第 7 章　商业区交通组织 ...049

7.1 交通运行特点 ...049
7.1.1 商业区周边区域影响范围划定 ...049
7.1.2 商业区整体交通特性 ...049
7.1.3 商业区交通流特征 ...050
7.1.4 商业区交通的主要问题 ...051

7.2 改善措施 ...052
7.2.1 商业区交通组织优化原则 ...052
7.2.2 常见商业区道路交通组织优化方法 ...053

第 8 章　景区交通组织 ...057

8.1 交通运行特点 ...057
8.1.1 景区交通运行特点 ...057
8.1.2 旅游交通时间不均匀性 ...058
8.1.3 景区交通组织主要问题分析 ...058

8.2 改善措施 ...060
8.2.1 景区交通组织优化总体策略 ...060
8.2.2 景区周边道路交通组织与管理 ...060
8.2.3 景区内部交通组织与管理 ...062
8.2.4 景区停车管理措施 ...064

第 9 章　大型活动交通组织 ...065

9.1 交通运行特点 ...065
9.1.1 大型活动类型 ...065

9.1.2 大型活动出行者特性 ...065
9.1.3 大型活动交通需求特性 ...065
9.1.4 大型活动交通流特性 ...066
9.1.5 大型活动交通方式构成 ...066

9.2 改善措施 ...067
9.2.1 大型活动交通组织原则 ...067
9.2.2 大型活动交通组织方法 ...067

第 10 章　交通枢纽交通组织 ...069

10.1 交通运行特点 ...069
10.1.1 交通枢纽的类型 ...069
10.1.2 交通枢纽交通组织需求分析 ...071
10.1.3 交通枢纽主要问题 ...073

10.2 改善措施 ...074
10.2.1 交通出行需求层次 ...074
10.2.2 交通组织优化原则 ...075
10.2.3 客运枢纽交通组织优化设计 ...076
10.2.4 节假日期间的临时性交通管控 ...079

第 11 章　老城区交通组织 ...081

11.1 交通运行特点 ...081
11.1.1 老城区定义 ...081
11.1.2 老城区交通主要特征 ...081

11.2 改善措施 ...082
11.2.1 老城区交通改善主要原则 ...082
11.2.2 老城区交通改善措施 ...083

第三部分　综合应用篇 ...085

第 12 章　学校交通组织优化设计实例 ...086

12.1 学校周边及内部交通流组织优化 ...086
12.1.1 南京市金地南侧小学概况 ...086
12.1.2 优化设计要点及提升效果 ...090

12.2 学校周边路网混合交通组织优化 ...094
  12.2.1 苏州工业园区左岸明珠小学概况 ...094
  12.2.2 优化设计要点及提升效果 ...098

第 13 章 医院交通组织优化设计实例 ...107

13.1 医院内部道路交通流线优化 ...107
  13.1.1 南京市江宁医院（鼓山路院区）概况 ...107
  13.1.2 优化设计要点及提升效果 ...112
13.2 医院周边道路交通组织优化 ...118
  13.2.1 南京市江宁中医院概况 ...118
  13.2.2 优化设计要点及提升效果 ...122

第 14 章 商业区交通组织优化设计实例 ...128

14.1 商业区周边及内部交通流组织优化 ...128
  14.1.1 南京市河西南鱼嘴金融聚集区概况 ...128
  14.1.2 优化设计要点及提升效果 ...130
14.2 商业区周边道路混合交通组织优化 ...137
  14.2.1 青岛李村商圈概况 ...137
  14.2.2 优化设计要点及提升效果 ...140

第 15 章 景区交通组织优化设计实例 ...150

15.1 景区多种交通方式系统优化 ...150
  15.1.1 苏州阳澄湖半岛旅游度假区概况 ...150
  15.1.2 优化设计要点及提升效果 ...152
15.2 景区道路设计优化 ...161
  15.2.1 南京市夫子庙—瞻园—白鹭洲概况 ...161
  15.2.2 优化设计要点及提升效果 ...166

第 16 章 大型活动交通组织优化设计实例 ...173

16.1 大型体育赛事周边及内部交通流组织优化 ...173
  16.1.1 南京青奥会概述 ...173
  16.1.2 优化设计要点及提升效果 ...176
16.2 体育场馆综合交通组织优化 ...192
  16.2.1 深圳市福田区体育场馆概况 ...192
  16.2.2 优化设计要点及提升效果 ...195

第 17 章 交通枢纽交通组织优化设计实例 ...197

17.1 交通枢纽内外综合交通组织优化 ...197
  17.1.1 南通站枢纽概况 ...197
  17.1.2 优化设计要点及提升效果 ...199
17.2 基于出行需求的枢纽交通组织优化 ...209
  17.2.1 南京南站片区概况 ...209
  17.2.2 优化设计要点及提升效果 ...214

第 18 章 老城区交通组织优化设计实例 ...219

18.1 完善路网结构，优化交通组织 ...219
  18.1.1 毕节市老城区概况 ...219
  18.1.2 优化设计要点及提升效果 ...221
18.2 路段单向交通组织，交叉口信号控制 ...226
  18.2.1 柳州市人民广场概况 ...226
  18.2.2 优化设计要点及提升效果 ...237

参考文献 ...245

城市道路
区域交通组织
设计手册

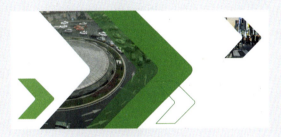

第一部分

基本概念篇

第1章 概述
Chapter One

1.1 区域交通组织定义 [1]

在汽车时代发展的早期，城市交通发展的主要任务是加强交通基础设施的建设，合理地规划、改良城市道路，提高整个路网的交通容量，力求在源头扩大供给，以满足增长的交通需求。但人们很快意识到，新建的道路在缓解交通压力的同时会诱发新的交通量，进一步刺激交通需求的增长。长远看来，"开源"之法只能在短期内解决拥堵问题。近年来，人们开始着重研究如何提高路网利用率，发掘交通运行潜力，控制及合理配置道路交通资源。

区域交通组织技术随着车辆与道路交通的发展应运而生，随着科技的进步和时代的变迁，交通组织管理大致经历了四个阶段：传统交通管理阶段、交通系统管理阶段、交通需求管理阶段，以及智能交通管理阶段。对于实践中运用的具体交通组织措施，主要从区域、干线及节点的层面运用合适的技术及管理措施，重点应用较为广泛、成熟的技术，如单向交通组织技术、区域交通信号控制技术、路口流向禁限技术、拥挤收费等。

1.2 区域交通组织类型、原则与内容

1.2.1 区域交通组织类型

按照交通组织的方法不同，交通组织的措施可划分为规划措施、工程措施和管理措施。规划措施在交通组织中起着不可或缺的重要作用。它的实质就是根据交通基础设施的具体情况，来规划设计交叉口几何参数、路段的断面设计，以及路网间的协调规划。工程措施起辅助作用，包括管理设施、功能设施，以及安全设施的设置。管理措施是交通组织中最常见也是运用最广泛的手段，包括对道路上车辆和行人的通行以及其他和交通有关的活动所制定的限制、禁止等带有指示性的具体要求。

这三种交通组织措施各自都有相应的特点，应按照其不同的特点来组织交通。但在具体的交通组织实施中往往不是单一使用某一种措施，而是使用两种或者两种以上，它们互相结合、互相补充，取长补短，力求达到最优的效果。

1.2.2 区域交通组织原则

1. 交通分离原则

不同流向、不同种类的交通流应在交通空间、时间上分离，避免发生交通冲突。从形式上讲有法规分离和物体分离两类。从内涵上讲，有时间分离和空间分离两种形式。空间分离通过设置交通标志和标线来实现，时间分离则依赖于交通信号灯的设置与控制。

2. 交通连续原则

交通连续原则即保证大多数人在交通活动过程中，在时间、空间、交通方式上不产生间断。例如在交通渠化方面，路段上的行车道要对应着路口直行导向车道，以保证直行车流不变换方向；路口进口导向车道要对应出口车道，以保证车流连续通过路口；信号灯实现绿波带，以保证车流通过整条道路时间上连续；公交站与地铁站建在一起，以保证换乘连续等。连续搞得好，行人流量可以减少，车流行驶可以有序，这是搞好秩序管理的基本保证。

3. 交通负荷均分原则

交通负荷均分指通过对交通流进行科学的调节、疏导，达到路网各点交通压力逐步趋于大体一致，不至于由于某一点压力过于集中而造成交通拥堵，这也是交通优化所追求的目标。交通优化过程实质上也是交通压力转移的过程。把路网中拥堵路口的交通压力转移一部分给非拥堵路口，即为交通负荷均分，它的关键在于转移多少交通压力（即程度）和转移到哪里去合适（即作用点），这是优化工作的重点。

4. 交通总量削减原则

此原则也称交通总量控制原则。当一个路网总体交通负荷接近于饱和时，已没有交通压力转移的余地，可以采取总体禁限部分车种行驶，来削减该路网的总流量。也可以采取供需互动关系来调整路网总体负荷，如停车与行车以静制动的关系。或采用道路功能划分（即过境路、集散路等）、交通流性质划分（即公务流、过境流、生成流、到达流等），分别分配道路流量。

5. 优先原则

优先是指对某一种车给予特殊待遇，有车种优先及流向优先，如小轿车专用车道、公交车专用车道（优先道）、直行车流优先、主路（或环岛内）车流优先等。

1.2.3 区域交通组织内容

区域交通组织包括路口交通组织、路段交通组织、路口路段一体化交通组织。按事物发展先后顺序来看交通组织的内容有：路口禁限流向与车种的确定；路口放行方法的确定，路口渠化、信号相位、信号相序与配时方案以及路口管理方案的设计；路段行人过街组织与渠化；路段公交站点及公交车道设计与渠化，导向车道、行车道、掉头、过街、公交站点一体化匹配设计，车道组织等。

第 2 章　区域交通调查与分析

Chapter Two

2.1　交通调查

区域交通调查是指在研究区域内通过实测、统计、分析等手段，获取道路环境、交通状态及交通管理与控制方式等信息，通过数据分析客观描述交通现象、变化规律及存在的问题，进而掌握交通发展基本现状的一系列工作过程。

区域交通调查主要包括区域背景交通调查、区域大型交通源调查，以及其他相关调查等。

2.1.1　背景交通调查

区域背景交通调查（也可称区域现状交通调查）中最为常用的是研究区域内主要交叉口和关键路段的交通量调查、关键路段的车辆速度调查、区域路网特征调查、区域公交调查、区域停车调查以及区域境界线调查。

1. 交通量调查

区域交通量调查主要针对研究区域内主要交叉口和关键路段的交通量，通过长期的连续性观测或短期间隙观测和临时观测来进行交通量数据的获取，以了解交通量的时空分布特性，为城市道路区域交通组织设计提供必要的数据。其主要流程为：明确调查目的、制定交通调查方案、培训调查人员、组织实施交通量调查、数据处理等过程。

（1）确定调查对象

区域交通量调查的主要对象是关键的交叉口和路段，因为对关键的交叉口和路段的交通量进行调查分析，可以更好地反映交通现象以及存在的问题。一般可以选取靠近大型交通发生源的、交通负荷较大的、交叉口规模较大的，以及调查区域边缘出入口位置的交叉口和路段作为关键的节点和路段。

（2）选择调查时间

调查时间应根据调查目的与方法确定，一般有以下几种情况。

1）抽样观测用在全年内抽样选择实测日期，然后对抽样日进行全天观测。

2）当以每天部分实测交通量去换算全天交通量时，应选择交通量集中时段。

3）主要交叉口的流量调查应选择在高峰小时流量最大的时刻。

4）进行高峰小时交通量调查时，应选择包括高峰小时在内的连续3h。

（3）选择调查地点

调查地点也应根据调查目的确定，一般选在下列各处。

1）不受平面交叉口交通影响的关键路段。

2）主要交叉口出入口停车线处。

3）交通设施的出入口处（道路收费口及停车场出入口等）。

4）调查区域边缘出入口位置。

5）特定地点，如分界线与道路交叉口等处。

（4）选择调查方法

区域交通量调查方法的选择，主要取决于所能获得的设备、经费和技术条件、调查的目的，以及要求提供的资料、情况等。在调查前需要做好调查时间、地点和人员等的准备工作。就目前而言，常用的调查方法主要分为以下几种。

1）人工计数法：分配调查人员直接进行手动计数。

2）浮动车法：分配测试车和测试人员在待测道路上行驶，记录相关数据，由相关公式可计算得出交通量。

3）机械计数法：由车辆检测器和计数器组成，主要包括气压式检测器、点接触式检测器和便携式检测器等。

4）视频录像法：由高处架设的摄像机进行交通路段拍摄，再使用SIMI Motion、OpenCV等图像处理软件或程序进行图像识别，以获得所需的数据。

5）航空摄像法：相较于传统的录像法，使用无人机进行高空视频拍摄可以更为方便地获取到交通数据，并且具有更好的环境适应性。

6）应用磁感应设备检测法：基于电磁原理进行车辆的检测，通过磁场强度的变化判断是否有车辆通过，主要可分为环形线圈车辆检测、地磁车辆检测和磁成像车辆检测。

7）应用波频设备检测法：利用波的传播特性进行车辆的检测，主要可分为激光雷达车辆检测、微波雷达车辆检测、超声波车辆检测和红外线车辆检测。

8）充分利用大数据进行交通数据采集：充分利用待测路段行驶车辆的 GPS 数据、驾驶人手机 GPS 数据、手机信令切换数据等，进行所需数据的获取。

2. 车速调查

区域车速调查是区域道路交通运行组织中重要的调查项目，分地点车速调查和区间车速（包括行程车速和行驶车速）调查两种。地点车速是交叉口交通设计的重要参数，是确定道路车速限制的依据。区间车速是评价道路服务水平的主要指标，是路线改善设计的依据，是衡量车辆运营经济性（时间和车辆耗油）的重要参数，也是确定交通管理措施及联动交通信号配时的重要依据。

（1）调查时间

调查的具体时间取决于调查的目的和用途。调查车速限制、收集基础数据等的一般性调查，应选择非高峰时段；如做前后对比调查，则需要使先后调查的时间和交通流状况尽可能保持一致。一般选择天气良好、交通和道路状况正常的日期进行调查。

（2）调查地点

地点车速是表征汽车通过某个地点的瞬时速度。因此，调查地点应选择在交叉口之间，线形平直、间距较大而又无路侧停车和行人等干扰的关键路段或特定地点。

行驶车速指的是车辆行驶在某一区间时的运行车速，它等于区间距离除以在该区间运行所需要的时间（不包括停车时间）。行程车速则包括停车时间。区间车速调查要求调查路段的长度大于 1.5 km。

（3）调查方法

对于地点车速调查，可使用人工量测法、雷达检测器法和航空摄像法等方法以获得相应的数据；而对于调查区间较长的区间车速的调查，可使用牌照法和跟车法，也可调用区间车辆的 GPS 数据进行计算。调查过程中需要记录的数据有调查地点、调查时间、车型、车辆数、地点车速和区间车速。

3. 路网特征调查

区域路网特征调查是研究区域进行道路交通规划、运输规划，以及城市建设规划的依据，它主要包括路网调查、交通运行状态调查和交通管理和控制措施调查。

（1）路网调查

路网调查主要包括研究区域内路网的整体结构布局，道路类型、道路横断面形式、道路的起讫点和里程，以及各个交叉口的类型和位置等。该调查可通过查阅相关资料和组织实施现场观测的方式进行。

（2）交通运行状态调查

交通运行状态调查包括主要交叉口和关键路段的流量、速度、密度调查。其中，车流密度可由流量和速度计算得到。

（3）交通管理和控制措施调查

交通管理和控制措施调查主要包括交通管理策略（单行、双行和禁行等）、交通管理设施（交通标志、标线和行人过街设施等）、交通组织方案、交叉口的信号控制类型等的调查。该调查同样可通过查阅相关资料和组织实施现场观测的方式进行。

4. 公交调查

区域公交调查是对经过研究区域的公交线路进行调查，主要可分为公交线网调查和公交客流调查，其目的是了解公交线路的走向、公交线网的运营情况、公交站点的类型和分布、公交线路上的客运量及分布规律、平均乘距、平均乘行时间，以及公交车平均载客量等，为公交线网规划提供依据。

（1）公交线网调查

公交线网调查包括经过研究区域的各条公交线路的具体走向、公交线网的运营情况，以及公交站点的类型和分布调查。公交线路的具体走向和公交线网的运营情况可直接从公交公司获取；公交站点可分为首末站、枢纽站、中途停靠站、综合场或停保场等，各类站点的功能和用地方式不同，在调查时需要进行区分。

（2）公交客流调查

公交客流调查包括线路上的客流量调查和关键站点的客流量调查。对于公交线路上的客流状况可以通过公交线路随车调查法获得，也可以采用信息化技术通过建立公交IC卡与公交车辆的GPS数据的对应关系来统计分析，以得出客流量。而关键站点的客流量一般可通过驻站调查法获得，也可以通过收集站点附近的手机GPS数据进行统计分析获得。

5. 停车调查

区域停车调查旨在查明研究区域内停车场的规模、形式、分布、营运状况、停车规律、停车水平及存在的问题，为预测停车需求、合理确定停车场规模、优化停车场的选址、制定停车场建设与管理对策提供可靠的科学依据。

（1）停车场分类

一般可以从以下几个方面对停车场进行分类。以停放车辆类型划分，可分为机动车和非机动车停车场；以服务对象划分，可分为专用和社会公共停车场；按停车场地位置划分，可分为路内和路外停车场；按土地使用划分，可以分为永久和临时停车场；按停车场设施划分，可分为露天和位于建筑物内的停车场。

（2）停车调查的内容

1）停车设施调查。包括现有停车场的规模（泊位数、占地面积）和位置、停车状况及存在的问题、停车场的类型及构成、收费方式、投资建设相关资料、配建停车场指标及使用情况、停车场管理方式以及停车场附近的交通环境情况等。

2）停车特征调查。包括停车场泊位利用状态、停车场服务对象及范围、停放周转率、停车目的、停放方式、停车点到目的地的步行距离等。

（3）停车调查的方法

对于已经实现智能化管理的停车场来说，可以直接从后台管理系统中获取相应的数据。

对于未完全实现智能化管理的停车场来说，可以通过询问调查、发放调查表格，以及安排调查员直接观测的方式进行调查。

6. 境界线调查

如果研究区域的面积较大，则需要进行区域境界线调查，对进出该区域的所有道路进行交通量调查，以获得出入区域的交通量和区域内的交通量。

该类调查常用于中心商业区调查，调查时要在每一条道路与调查区域的境界线相交处设立观测点，对于总交通量不超过出入交通量3%的街道，可以不进行调查。观测断面应选在路段上，可以避免转向车辆的重复计数。尽量使用天然或人为的分隔线作为境界线，可以减少观测点数量，但是不宜选在道路中心线上。

由于这种调查要获得拟调查区域的交通量详细资料，对于机动车、非机动车、行人和乘客的数量都要按方向统计，有些数据（比如自驾车车内乘客数量）使用人工计数法可以更方便地获取。因此，该调查可采用传统方法与大数据方法相结合的形式进行。

该类调查应每年进行一次，要求调查月份的月平均日交通量最好接近年平均日交通量，逐年调查的日期要保持在同一月份同一周内。每次调查通常维持12h，从早上7点到晚上7点，可根据实际情况适当延长或缩短。

7. 区域交通管控措施调查[4]

区域交通管控措施包括交通管理措施和交通控制措施等。优先考虑从交管部门搜集相关资料，对已有资料不完备的，则应进行实地调查。

（1）交通管理措施

综合调研区域路网交通管理措施，对单向交通、潮汐交通、通行限制、交叉口转弯限制和专用车道等内容开展调查。

1）单向交通。调查内容包括：单向交通种类调查（固定式、定时式、可逆性单向交通、车种性单向交通）、路线起止点及长度、单向方向时间、单向车辆种类等。

2）潮汐车道。调查内容包括：潮汐车道所在道路名称、起止位置及长度、起止时间、运行方向、运行车型、运行管理、运行状况等。

3）通行限制。通行限制是指各种禁行类交通组织方式，主要包括：禁止机动车通行区域、禁止货车通行区域、禁止机动三轮和人力三轮车通行区域、禁止摩托车行驶区域、禁止外埠货车通行区域、禁止停车区域等调查。

调查内容包括：实施通行限制的道路名称、禁行时间、禁行（停）区间、限制车型、运行管理等。

4）交叉口转弯限制。交叉口转弯限制是进行交叉口渠化的重要措施之一，应用广泛。交叉口转弯限制调查包括：禁止左转或禁止右转、同时禁止左转和禁止右转。

调查内容包括：禁止转弯交叉口名称、禁止转弯进口道、禁止转弯方向、禁止时间限制、禁止转弯车种等。

5）专用车道。设置专用车道是缓解城市交通拥堵，促进公共交通、行人和非机动车交通健康发展的重要措施。专用车道主要包括公交车专用车道和非机动车专用车道两大类。

调查内容包括：公共交通和非机动车专用车道（或专用车道）所处的道路名称、运行时间、起止点位置及专用车道长度等。

（2）交通信号控制

对于单个交叉口而言，调查内容包括：交通控制方式、信号周期、相位、相序、绿信比等；对于干线道路交叉口群、短连接交叉口或片区交叉口群，需进行协调控制的，应补充调查协调控制方式（绿波）、相位差等参数。

2.1.2　大型交通发生源调查

大型交通发生源是指对城市交通系统产生较大影响的交通生成或吸引的集中地点，包括飞机场、火车站、长途客运站等对外枢纽、货运枢纽和场站，以及著名景点和大型商业、办公、医院、学校、娱乐设施、宾馆等公建设施。

1. 调查目的

通过对研究区域内大型交通发生源人流发生吸引总量，以及分交通方式的人流发生总量的调查以及分析，可以得出不同类型的交通发生源人流和车辆的交通出行特征，可以作为区域交通影响分析与评价时关键参数选择的依据。

2. 调查内容

在研究范围内，初步选定调查观测单位，进行现场踏勘，按大型交通发生源的类型确定观测对象。对观测对象的规模和入住情况，待查范围的出入口数量、分布和使用情况，停车设施的分布情况、基本泊位数、主要服务对象、设施条件和一般使用情况，机动车的出入交通组织方式和管理方式，以及非机动车的停放管理状况进行调查了解。

实际观测中，要对观测点的发生吸引人流量以及出行方式、机动车进出交通量、非机动车进出交通量和配建停车设施基本情况进行调查。其他的调查可直接查阅相关资料进行数据的获取。

3. 调查方法

对于大型交通发生源的人流发生吸引总量以及出行方式，可利用移动信息数据（如手机 GPS 数据），对居民出行特征进行分析得出发生吸引总量，再调用公交、地铁、出租车等出行方式的数据记录进行统计，得出各出行方式所占的比例。对于机动车和非机动车的发生吸引总量，可以在大型交通源附近的路段上安装雷达检测器进行相关数据的获取，也可以使用视频录像法，安装视频检测设备进行录像，再由图像识别软件进行相关数据的获取。而调查配建停车设施的基本情况时，对于已经实现智能化管理的停车场来说，可直接调用管理系统后台的数据进行调查。对于未完全实现智能化管理的停车场，则需要安排调查人员进行现场调查。

2.2 交通供需分析

2.2.1 路网机动车承载能力分析

路网机动车承载能力是指路网所能容纳交通量的上限，它取决于路网结构是否合理、路况是否良好。不同的路网结构，路网机动车承载能力是不同的。合理的路网结构，可使路网中各节点交通压力比较均衡，路网机动车承载能力有所提升；而不合理的路网结构，会使路网中某个节点、某个区域或某条道路产生压力集中，容易造成交通拥堵，使路网机动车承载能力下降。

路网主要包括棋盘式路网、环路加放射式路网和自由式路网[5]。

1. 棋盘式路网

棋盘式路网格局交通压力分布比较均衡。棋盘式路网格局交通压力的大小与路网密度有关，路网密度大，道路间距小，则路网上交通压力就小。因此，对于棋盘式路网好用不好用，要看的不是路宽，而是路长，能不能把小路相连形成贯通的棋盘式路网。换言之，"毛细血管"通，"动脉"的压力才会小。在区域交通组织中，应尽可能贯通小路，缩小网眼，以此降低路网交通压力。优点：划分的街坊形状整齐，有利于建筑的布置，平行方向有多条道路，交通分散，灵活性大。缺点：对角线方向的交通联系不便，非直线系数大。

2. 环路加放射式路网

由于市中心区开发的力度要大于郊区，故市中心对交通流的吸引力也大于郊区，这就是城市交通流的向心性特点。而环路加放射式路网有两种压力分布结果：一是环内路网完善、路路相通时，交通压力主要集中在内环以内；二是环内路网不完善、多堵头、多断头路时，交通压力主要集中在环上。

环路一般由旧城中心向外逐步发展演变而成。它的特点是有利于市中心对外联系，非直线系数较小（1.1~1.2），对多中心布局大城市的交通量分布均衡十分有利。环路可以分散市内交通，放射干线使市区与郊区城镇的交通便捷。它的缺点是规划不当时，易导致市中心交通过于集中。

3. 自由式路网

城市道路根据地形特点，或依地势高低建筑而成，道路网无一定的几何形状。主要形成在山丘地带或沿海沿河的城市。例如，山城重庆位于嘉陵江与长江汇合处，道路主要沿等高线开辟，形成了不同高程的道路网，并以几条干道将其相连。又如，青岛市地形起伏，三面环绕岸线曲折的大海，道路依山傍海呈不规则的自由式网络。这种结构的优点是：能充分结合自然地形，节省道路工程费用。缺点是：道路线路不规则，造成建筑用地分散，交通组织困难。

而对于路网机动车的需求分析，主要考虑以下因素。

1）交通量统计：通过交通流量调查和监测，了解不同时间段、不同路段和区域的机动车交通流量情况。

2）出行特征分析：研究人们的出行行为、出行模式和出行目的等因素，以了解机动车路网的需求特点。

3）人口增长预测：结合人口统计数据和城市发展规划，预测未来的人口增长趋势，并分析其对机动车交通需求的影响。

4）经济发展预测：考虑经济发展水平、城市化程度等因素，预测未来机动车交通需求的变化趋势。

2.2.2 公交供需分析

公交供需分析是指综合评估公交系统的供给和乘客的需求之间的关系，以确定公交系统的运营状况和改进方向。该分析旨在确保公交服务能够满足乘客的出行需求，并能提供高效、便捷和可靠的公共交通服务。

公交供需分析主要包括公交站点分析和公交线路配置[6]。

1．公交站点分析

公交站点是乘客上下公交车和换乘的场所，公交站点停靠线路数量、站台长度、位置设置等直接影响乘客的出行时间，交叉口附近的公交站点对交叉口的通行能力的影响尤为明显。合理的公交站点设计可以避免对道路车辆的正常通行带来干扰，道路资源允许的条件下，可以设置港湾式公交站。

公交站台能力分为可停靠车辆的能力和所能容纳候车乘客的能力。停靠车辆能力不足会增加公交车进出站延误，并使公交车干扰正常交通流；容纳乘客能力不足会造成候车乘客分散于机动车道，影响交通安全和道路通行能力，降低公交车运行效率。

公交站点距离交叉口过近，会降低交叉口进出口车道的通行能力，形成道路瓶颈，增加公交车进出公交站的延误时间。设置交叉口附近的公交站点位置时，必须综合考虑道路的实际条件、基础设施条件、交通需求点等因素。

2．公交线路配置

进行公交线路配置时，不仅要考虑公交线路的服务水平，还要考虑公交线路对路网运行效率的影响。对于后者，一般考虑以下三方面问题。

（1）路段上公交线路数量与道路等级的匹配

公交线路数量与道路等级的匹配，不但与公交车流在路网内的分布、公交线路的运行效率和服务水平等直接相关，还会间接影响一般小汽车车流在路网内的分布，以及整个路网的运行效率。

（2）交叉口处转弯公交线路重复数量对交叉口通行能力的影响

交叉口处转弯公交线路数量对交叉口的运行也有重要影响，如禁止左转的交叉口，公交车也拥有左转通行权，在这种情况下这种大型车辆的左转直接影响交叉口通行能力。

（3）公交车专用车道

公交车专用车道对道路可能产生如下影响：

1）造成路段上车道利用不均衡。

2）在高等级交叉口进口道上路权分配不合理容易造成公交车与社会车辆的冲突。

3）相距较近的交叉口设置公交车专用车道，会导致社会车辆变换车道时所必需的交织段不足，对下游交叉口转向的车辆造成影响。

公交需求分析的关键要素包括以下几项。

1）人口分布和出行模式：了解特定区域的人口数量、密度和分布，以及主要出行目的地（如工作区、商业区、居住区等），有助于确定公交需求的潜在规模和路线。

2）出行需求量：通过调查和数据分析，分析人口的出行需求量，包括高峰和非高峰时段的需求变化，以便确定需要提供的公交服务水平。

3）竞争方式：了解其他交通方式的竞争情况，例如私家车、出租车、共享单车等，以及它们对公交需求的影响。这有助于确定公交需求的强度和定位。

4）可达性和覆盖范围：评估公交网络的可达性，即公交站点与人口密集区域的接近程度，以及公交线路的覆盖范围是否满足乘客的需求。

2.2.3 停车供需分析

停车供需分析是指对城市停车需求和停车设施供应之间的平衡关系进行评估和规划的过程。通过对停车需求和停车设施供应的分析，可以提高交通运行效率，缓解城市"停车难"问题。

停车供给分析的关键要素包括以下几项。

1）停车设施数量和布局：根据城市的规划和发展情况，评估停车需求的增长趋势和规模，确定需要建设的停车设施数量和位置。这涉及停车场、停车楼、路侧停车位等不同类型的停车设施。

2）地块利用率和停车位容积率：分析地块的利用率和停车位容积率，即停车设施所占用的建筑面积与地块总面积的比例。根据城市的土地利用政策和经济效益考虑，确定合理的停车设施规模。

3）泊位类型和配建标准：根据城市的交通规划和停车管理政策，确定不同区域和场所的停车配建标准。例如，商业区和居住区的停车需求不同，因此在规划停车设施时需要考虑到这些差异。

4）停车设施的管理和运营：对停车设施的管理和运营进行分析，包括停车收费政策、停车位使用率监测、停车场导航系统等。通过合理的管理和运营措施，提高停车设施的效益和利用率。

5）可持续发展考虑：在停车供给分析中，需要考虑可持续发展的因素，如鼓励使用公共交通、非机动出行方式，推广共享停车概念等，以减少对汽车和停车设施的需求。

停车需求分析的关键要素包括以下几项。

1）人口和车辆数量的分析：了解城市的人口增长趋势和车辆保有量的变化情况，以确定未来停车需求的增长速度和规模。

2）城市规划和功能布局的分析：考虑城市规划中不同区域的发展情况和功能布局，例如商业区、住宅区、办公区、医疗机构等，从而确定各个区域的停车需求特点和规模。

3）交通出行方式的分析：了解城市居民的交通出行方式，包括公共交通使用率、步行和非机动车出行比例等。通过分析不同的出行方式对停车需求的影响，可以合理确定停车需求的分布和规模。

4）停车设施利用率的分析：评估现有停车设施的利用率，包括停车场、路侧泊位等。通过了解停车设施的实际使用情况，可以预测未来需求，并进行停车设施的规划。

5）特殊事件和活动的分析：考虑特殊事件和活动（如展览会、体育比赛）对停车需求的临时性增加，以及对周边停车资源的影响。通过合理预测和规划这些因素，可以确保在特殊情况下满足停车需求。

6）停车习惯和行为的分析：了解城市居民的停车习惯和行为，包括停车时间、停车地点选择等，以便优化停车设施的规划和管理，提高停车资源的利用率。

2.2.4 慢行交通供需分析

慢行交通供需分析是指对行人和自行车等慢行交通参与者的交通设施进行综合评估，以确定其在满足慢行交通参与者出行需求方面的供给是否足够。具体包括以下几个方面。

1）路段人行道：需要根据行人通行区、缓冲区和建筑物延伸区的功能区划分来进行管理。人行道的宽度、净空、照明等条件应符合规范要求，以提高人行道的服务水平。

2）行人过街设施：需要考虑行人与主路车辆之间的冲突。通过设置过街天桥和人行横道，可以提供行人安全过街的条件，但需要注意几何设计方面的缺陷对行人的影响。

3）路段非机动车交通设施：主要有非机动车专用车道和非机动车—机动车共享道路。非机动车专用车道可以有物理隔离或无物理隔离，用于分隔非机动车和机动车的通行权利。非机动车—机动车共享道路允许非机动车和机动车在同一条道路上共享，无需转换车道。

4）交叉口非机动车交通设施：将非机动车与机动车的交通进行分离，并提供适当的空间供非机动车通行。如果条件不允许分离，应确保非机动车有足够的空间与机动车分开行驶。还应采取措施，使非机动车有序地进入交叉口，并减少危险时间。此外，交叉口应设置实物隔离，尽量远离非机动车和机动车冲突点，同时确保可见性，使驾驶人可以清晰地看到彼此和非机动车的行驶路线。

在进行慢行需求分析时，需要考虑以下几个因素。

1）人口密度和出行需求：根据路段周边的人口密度和出行需求，评估人行道和行人过街设施是否能够满足行人的通行需求。

2）车辆流量和交通组织：考虑车辆流量和交通组织情况，确定非机动车交通设施的供给是否足够，并结合交叉口的管理原则和方法进行评估。

3）设施利用率和冲突点分析：评估人行道、行人过街设施和非机动车交通设施的利用率，分析存在的冲突点和瓶颈，提出改进建议。

2.3 交通量预测

2.3.1 背景交通量预测

背景交通量是指某特定区域开发之前，周边道路网络上已经存在的交通量及其分布特性，包括过境交通量和其他周边区域所产生的交通量。背景交通量通常受区域目标年区位、土地利用、交通模式和发展程度的影响。背景交通量常用预测方法主要有交通规划法和增量分析法。

1. 交通规划法

交通规划法是指利用城市交通规划中已有的交通需求预测数据，或者交通需求预测模型，开展背景交通量预测的方法。在使用交通需求预测数据直接作为特定区域的目标年背景交通量时，应注意预测年限和时段应是否与区域交通组织的评价年限和评价时段一致。若不一致或者数据不完整，则应采用交通需求预测模型重新计算区域评价年限、评价时段的交通量。交通需求预测通常采用"四阶段"模型，包括出行生成、出行分布、交通方式划分和交通分配预测四个阶段。

2. 增量分析法

增量分析法的基本原理是针对区域交通既有的设施，通过调查取得设施的背景交通负荷的现状值，增量部分采用预测得到。增量部分的预测，常用预测方法有年增长率法和建成比例预测法。

（1）年增长率法

通过增长率 k 确定目标年的背景交通量。该方法适合发展基本成熟、具有较为完备的历史交通量数据和清晰规划目标的区域，方法计算简单，但精度不高，受主观因素影响大。

（2）建成比例预测法

建成比例预测法是一种背景交通总量的预测方法，主要适用于新开发区域的道路设施的背景交通总量估计。首先，根据总体规划确定区域目标年建成区面积和未建成区面积，按照全部建成设施达到满负荷的比例，推算区域设施所达到的负荷水平。

2.3.2 项目交通量预测

1. 交通生成预测方法

大型公共建筑的交通产生量取决的因素包括区位条件、建筑规模及建筑类型、建筑空间构成和容量水平。常用的交通生成预测模型主要有生成率模型、类别生成率模型、回归分析模型、类别回归分析模型等。

（1）生成率模型

该模型的基本思想是：从 OD 调查中，可得出单位用地面积（单位人口或单位经济指标等）交通产生、吸引量。如果假定这些量是稳定的，则根据未来各交通小区的用地面积（人口数量或经济指标），便可进行交通生成预测。

生成率模型是最早的交通生成预测模型，其特点是简单、方便，但由于其只能考虑单因素，在有多个因素影响交通生成时，会有较大的误差。因此，生成率模型只可用于较为粗略的交通生成预测。

（2）类别生成率模型

类别生成率模型是考虑对交通产生或吸引影响较大的某些因素，由这些因素组合成有不同交通生成率的类别。根据现状调查资料，统计出不同类别产生、吸引率，进而进行交通生成预测。

类别生成率模型是目前广为采用的交通生成预测模型，它能考虑多个影响因素，但影响因素过多，关系复杂时，组合会很多，该模型不适用。另外，由于各种组合的生成状况需由现状调查资料统计得出，因此，当各影响因素的变化较大时，现状调查资料不能真实反映，此时该模型亦不适用。

（3）回归分析模型

回归分析模型是应用数理统计方法，根据调查资料，建立交通产生和吸引与其主要影响因素之间的回归方程，利用所建立的回归方程进行交通生成预测。

回归分析模型能够考虑交通生成与其主要影响因素间较为复杂的关系，影响因素的变化可较大，适合进行宏观预测，对于土地使用类型复杂地区以及混合土地类型区域较为有效。但它考虑的影响因素只能是连续变量，而且是定量指标，对于非定量指标的影响，回归分析模型则无法考虑。

（4）类别回归分析模型

类别回归分析模型的基本思想是：影响交通生成的因素，既有定量因素，也有非定量因素，可以通过考虑非定量因素，将它们组合成不同的类别，对各种类别分别建立交通生成与其他定量因素间的回归方程，则模型既可考虑定量因素，也可考虑非定量因素。

类别回归分析模型借鉴类别生成率模型分类思想，同时又克服了传统回归分析模型的局限性，使模型的适用条件得以放宽，能更好地拟合实际交通生成状况。

（5）交通产生量的折减[7]

在预测基地出行产生量时，常常需要考虑以下两种情况，进行必要的修正和调整。

1）混合土地利用类型的内部出行。混合土地利用类型下的建筑群进行交通需求预测时，简单将各个用地开发产生的出行量相加，来确定整个基地的出行量是不准确的。因为此时存在发生于不同用地之间而没有离开基地的内部出行。典型的例子就是在居住区和临近购物超市之间的出行，这时需要扣除内部出行。

2）基地吸引的顺路出行。顺路出行是基地相邻道路上既有的，虽然经过基地，但并未增加路网上的交通量。对于像购物中心、银行、快餐店、加油站等类型的公共建筑，很大一部分出行是邻近交通网络上吸引过来的，也即这部分出行原本在临近道路上已经存在，属于顺路出行，需要予以扣除。

2. 交通分布预测方法

交通分布预测就是预测某个小区的发生吸引交通与其他小区间的关系，简单地说就是从哪里来、到哪里去，是交通需求预测的关键，其结果是产生出行 OD 矩阵。交通影响分析采用的所有交通分布预测方法都基于一个基本假设：即用地项目建成后将形成一个影响区域。这一影响区域就是交通影响分析的研究范围，或称为分析区。这个研究范围应该包括了基地吸引的绝大多数出行的端点，其产生交通量分布的主要因素有：拟建项目的规模、拟建项目的类型、项目周边开发尤其是竞争项目的分布、道路交通现状分布。有些交通分布预测方法进一步把分析区划分为交通分区。交通分布预测的目的就是要计算用地项目与每一分区之间的出行分布量。

交通分布模型可以分为两大类。第一类模型为增长系数模型，这类模型通常适用于短期的交通分布研究，主要应用于交通网络没有发生重大变化的短期预测中；另一类模型为综合分布模型，这类模型由于使用了出行的广义费用或其他较复杂的数学方法，因而适用于长期出行分布研究，或短期分布中交通情况有较大变化的分布预测。

（1）增长系数模型

增长系数模型属于增长率法，它包括均衡增长率模型、平均增长率模型、底特律模型、费雷特模型等。

（2）综合分布模型

综合分布模型主要包括两种模型，即重力模型（gravity model）和介入机会模型（intervening opportunity model）。重力模型是目前最广泛使用的综合出行分布模型。该模型假定了两小区之间的出行分布量与起点小区的出行发生量和终点小区的出行吸引量成正比，而与起点小区到终点小区的阻抗成反比。重力模型对现有的出行模式能提供较好的相关关系，其计算结果比较符合实际。

3. 交通方式划分方法

交通方式也可理解为交通工具。对于客运，主要分成公共交通和私人交通两大类，公共交通再细分又有地铁、轻轨、公共汽车等。此外，自行车交通与步行交通在个人出行中占有很大的比重。交通方式划分指个人出行次数在不同交通方式之间进行的划分，也可理解为对出行方式的选择。

（1）转移曲线模型

把私人交通方式所占的百分比与出行者的收入、出行目的、行程时间、交通费用和服务质量等影响因素的关系，用曲线族表示出来，供计算交通方式的百分比时查阅的方法，称为转移曲线模型法。

（2）回归方程

根据起点区域、终点区域的土地使用变量，以及区域之间的交通阻抗构建回归分析模型，运用最小二乘法来确定模型中的回归参数。

4. 交通分配方法

（1）最短路交通分配法

最短路交通分配是一种静态的交通分配方法。用该分配方法，取路权（两点间的行驶时间）为常数，亦即假定车辆的行驶速度按自由交通流时的情形取路段的设计车速。每一个OD点对的OD量被全部分配在连接该OD点对最短路径上，其余路径不分配交通量。

在所有OD点对的OD量全部按上述原则分配到路网上后,可累计得出各路段、各交叉口的交通量。该方法在进行交通分配时,不考虑路段通行能力的限制,或不考虑过多交通量将影响行车速度,且有可能选择其他路径时的交通分配现象,因此称为容量非限制分配法,或全有全无分配法。

（2）容量限制分配法

容量限制分配法也是把交通区之间的交通量,分配到交通区之间的最小路权的线路上。不过,容量限制分配法的路权考虑了行驶速度与交通量的关系,当交通量大到一定的量时,车辆的行驶速度即会随交通量的增加而减少,路权则会变大。因此,先分配路权最小的线路,当交通量分配到一定的量时,该路线路权则不再是最小。此时,交通量会被分配到其他路权最小的线路上。

（3）多路径概率分配法

由出行者的路径选择特性可知,出行者总是希望选择最合适（最短、最快、最方便等）的路径出行,称之最短路因素。但由于交通网络的复杂性及交通状况的随机性,出行者在选择出行线路时由于判断误差而选择的路径不一定是最短,往往带有不确定性,称为随机因素。这两种因素存在于出行者的整个出行过程中,两个因素所处的主次地位取决于可供选择的出行路线的路权差（行驶时间差或费用差等）。因此,各出行路线被选用的概率可采用Logit模型。

第3章 区域交通组织基本方法

Chapter Three

3.1 区域交通组织优化思路

区域交通组织优化是以系统的观点为指导，着眼于区域交通系统整体功能的提高，根据交通网的现状和交通流的分布情况，通过信号相位的设置、渠化措施的实施、配套交通管制措施的使用，调整交通流在空间和时间上的相对关系，合理组织交通流，平衡区域交通网内的时间分布和空间分布，使路网的整体通过能力最大化。简要概括为：以系统化的指导思想为核心、以系统化的交通流数据为基础，最终形成系统化的解决措施。

从区域交通组织出发解决交通拥堵，可按以下思路进行。

1. 确定合理的交通组织优化评价指标及评价方法

该评价指标应能反映区域路网的交通拥堵程度，该评价方法应能对实施交通组织优化方案后的效果进行正确的评价。

2. 建立适合区域交通组织的合理的交通网络模型

区域交通组织中每种方法的实施都会引起区域内交通流的重新分配，因此区域交通组织实际上是交通网络的交通分配。在工程实践中，应构建合理的交通网络模型，以便于准确地刻画区域交通组织的主要优化措施，譬如路口流向禁限、定时式单向交通、变向交通、交叉口信号灯的协调控制、路内停车管理等，使交通网络模型的计算结果符合实际的管控效果。

3. 确定区域交通组织方案

根据区域交通网络的实际情况和适用条件，采取合适的路口流向禁限及单行交通组织等措施，并由交通网络模型进行区域内交通量的重新分配，得到各交叉口的分向流量；并由此进行各交叉口信号配时优化，然后得出优化后的交叉口通行能力及各进口流量。

4. 进行区域交通组织方案评价

计算方案实施前后的评价指标，并进行对比，判断是否达到目标要求。若满足目标要求，则可实施该方案；否则应重新确定交通组织方案，并重新进行评价，最后可得到两种结果：

1）区域内有可行的方案满足目标要求。

2）区域内所有可能的区域交通组织方案均不能达到目标要求。

3.2 区域交通组织设计流程与内容

3.2.1 区域交通组织设计流程

首先，根据交通问题的特征及其影响范围，确定研究区域的边界。其次，通过调查获取路网、公交、停车等交通设施现状，交通量、速度、拥挤程度等交通状态的现状，以及单行、禁行等交通管理措施方面的现状，分析评价交通设施现状的交通负荷和交通问题产生的原因。在此基础上，预测区域目标年的背景交通需求和总交通需求，根据区域交通组织设计的目标和要求，设计区域外部、内部及重点片区的交通组织方案。最后通过对方案的可行性、运行效果及经济性进行评价，判断方案是否满足要求。设计流程如图3-1所示。

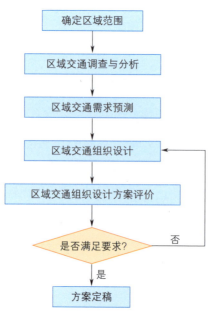

图3-1 区域交通组织设计流程

3.2.2 区域交通组织设计内容

区域交通组织设计内容主要包括区域对外交通组织、区域内部交通组织和区域重点片区交通组织。具体内容如图3-2所示。

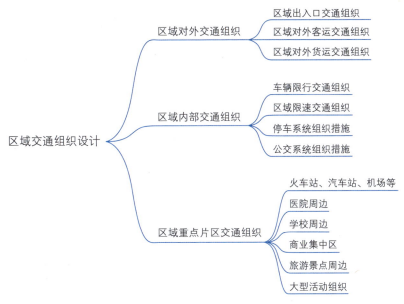

图3-2 区域交通组织设计内容

3.3 区域交通组织方法

3.3.1 典型区域的交通组织要点

1. 主城区交通运行特点

主城区由于人口密集、商业繁荣、交通繁忙,易造成交通拥堵和延误。主城区交通组织要点:建设完善的交通网络,包括道路网络、高速公路、主干道、次干道和人行道等,以满足大量的交通流量需求;提高公共交通覆盖,加强地铁、公交、有轨电车等公共交通系统的建设,减少私家车的使用,缓解交通压力;鼓励骑行和步行交通,修建自行车道、步行街和人行天桥等设施,提供安全便捷的骑行和步行环境,推动居民采用环保健康的出行方式;制定交通管理策略,限制私家车通行的区域和时间,设置交通信号灯,加强交通巡逻和执法等措施,维护交通秩序和公共安全。

2. 学校交通运行特点

学校区域通常有大量的学生、家长和教职工流动,交通流量集中。学校交通组织要点:建设安全的步行和骑行道路网络,鼓励学生和教职工使用非机动交通方式;增加公共交通线路和站点，提供便捷的公共交通服务；设置临时停车位，方便家长接送学生。

3. 医院交通运行特点

医院通常需要保障紧急救护车辆的通行，还需要提供充足的停车位给病患家属。医院交通组织要点：设置急救车道，确保紧急救护车辆的畅通；提供足够的停车位供病患家属使用；加强公共交通的覆盖范围，方便就医人员的出行。

4. 商业区交通运行特点

商业区人流密集，私家车数量多，交通拥堵问题突出。商业区交通组织要点：限制私家车通行，鼓励公共交通的使用；增加公共交通线路和班次，提供便捷的公共交通服务；建设步行街和人行天桥，方便行人出行。

5. 景区交通运行特点

景区常常吸引大量游客，车辆拥堵是常见问题。景区交通组织要点：设立停车场，并提供公共交通接驳服务；引导游客使用公共交通或步行进入景区，减少私家车通行的数量；制定交通疏导方案，确保景区周边的交通秩序和安全。

6. 大型活动交通运行特点

举办大型活动时，交通流量剧增，需要有针对性的交通组织措施。大型活动交通组织要点：制定交通预案和疏导措施，确保活动期间交通的顺畅和安全；增加公共交通运力，提供临时停车场，引导参与者使用公共交通。

7. 交通枢纽交通运行特点

交通枢纽如火车站、机场、汽车站等，需要处理大量的乘客和车辆流动。交通枢纽交通组织要点：提供充足的停车位和高效的公共交通接驳服务；设置交通指示标志，引导乘客到达和离开；定期维护设施，确保交通枢纽的正常运行。

8. 老城区交通运行特点

老城区的特点是往往有狭窄的街道和有限的停车资源，私家车通行和停车需求较大。老城区交通组织要点：限制私家车通行，鼓励步行和骑行出行；加强公共交通线路和班次，提供方便的公共停车设施；设计合理的交通流向，改善老城区的交通拥堵现象。

3.3.2 典型交通组织方法

1. 区域禁限行

区域禁限行是指在特定地区或特定时间段内，对车辆行驶进行限制的措施。主要措施包括：货运车辆、危险化学品运输车辆禁限行，区域高峰时段快出慢进，单向绿波控制等。

2. 单行交通[5]

道路单行的好处是显而易见的。首先，单行道路路口内冲突简单、冲突点少，不易形成拥堵；其次，车流向一个方向行驶，行人横过道路不必左顾右盼，有利于交通安全；再有，由于单行可有效减少冲突点，故路口信号设置成两相位即可满足冲突分离要求；最后，单行道路路口间信号协调容易，绿波带比双行道路更宽。所以，单行道路的通行能力比双行道路高得多。

但是单行也有不利之处，首先，增加车辆的绕行距离；其次，增大路网的无效流量；第三，公交单行后换乘困难。因此，对于单行交通组织的使用，是需要满足一些路网和交通条件。

3. 变向交通[8][9]

变向交通是指在不同的时间内，变换某些车道上的行车方向或行车种类的交通。变向交通又称"潮汐交通"。

变向交通按其作用可分为两类：方向性变向交通和非方向性变向交通。

方向性变向交通，是指在不同时间内变换某些车道上的行车方向。这类变向交通可使车流量方向分布不均匀现象得到缓和，从而提高道路的利用率。

非方向性变向交通，是指在不同时间内变换某些车道上的行车种类。它可分为车辆与行人、机动车与非机动车之间相互变换使用的变向车道。这类变向交通对缓和各种类型的交通在时间分布上不均匀性的矛盾有较好的效果。

变向交通的优点是合理使用道路，充分提高道路的利用率，从而提高了道路的通行能力，这对解决交通流方向和各种类型的交通在时间分布上不均匀性的矛盾，有较好的效果。

变向交通的缺点是增加了交通管制的工作量和相应的设施，且要求驾驶人有较好的素质，集中注意力，特别是在过渡地段。

4. 区域交通信号组织[10]

交通信号是进行微观流量调控的有效手段，也是进行路网流量调控的基本单元。进行动态交通组织，首先是交通信号的组织，目的是使信号对流量在中低峰时有一定的适应能力，而在流量高峰时对交通流量有一定的调控能力，以保证重要区域或道路不发生交通拥堵。

城市道路
区域交通组织
设计手册

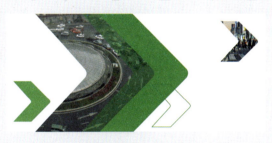

第二部分

基本方法篇

第4章 主城区交通组织

Chapter Four

4.1 交通组织总体规划

主城区交通组织总体规划是一项复杂而重要的任务,旨在实现城市交通系统的高效运行和平衡发展。基于需求控制的原则,该规划应考虑以下几个方面。

1)路网规划与压力均衡:规划应根据城市人口分布、经济中心和居民出行需求,合理设计道路网络,确保各主要区域之间的交通压力得到均衡分布。这可以通过合理设置干道、支路、环线等交通设施来实现。

2)交通方式发展策略:规划应研究并制定交通方式的发展策略,例如先进行轨道交通建设,再进行公路建设或者先进行公路建设,再进行轨道交通建设等。这样可以有效引导交通分流,减少私家车出行需求,提高公共交通的便捷性和吸引力。

3)主城区与周围城区协调发展:规划应重点考虑主城区与周围城区之间的交通衔接与协调,确保人员和物资的流动顺畅。可以规划建设快速路、轨道交通等连接主城区与周边地区的交通设施,促进区域一体化发展。

4)公路客货分离:规划应研究并推行公路客货分离策略,通过建设专用货运通道或货运枢纽,将货物运输从主城区转移出去,减少对主城区道路网络的压力,提高交通效率。

综上所述,主城区交通组织总体规划应该以需求控制为出发点,通过政策和措施的制定,实现路网压力在时间和空间上均衡分布的目标。同时,统筹主城区与周围城区的发展,合理引导交通方式选择,推动可持续交通发展,并注重公路客货分离等重要议题。这样规划将有助于提高城市交通系统效率、减少拥堵、改善居民出行条件,促进城市可持续发展。

4.2 区域分级管理策略

主城区交通组织区域分级管理策略是指根据城市交通的特点和需求,将主城区划分为不同的区域，并根据各个区域的功能和交通压力采取相应的管理措施，以提高交通效率、减少拥堵和优化道路资源利用。

这一策略的核心思想是根据道路网络密度、道路容量、交通出行需求等因素，对主城区进行分级管理，分别制定相应的交通管理政策和措施。常见的区域分级和相关管理策略如下。

核心商业区：核心商业区一般是城市的商业中心，交通流量较大。在核心商业区可以采取限制私家车进入、优化公共交通服务、鼓励步行和骑行等措施，以减少私家车数量，提高公共交通和非机动车交通的便利性，缓解道路压力。

居住区：居民区出行需求较大。在居住区可以增加公共交通线路和班次，提供多样化的交通选择，改善公共交通服务质量。此外，还可以建设步行和骑行道路网络，鼓励居民步行和短途骑行。

学校区域：为了满足学生、老师和家长的出行需求，在学校周边可以增设公共交通线路和站点，提供便捷的公共交通服务。此外，应建设步行和骑行道路网络，鼓励学生骑行或步行上下学，减少私家车的使用。同时，在学校周边设置临时停车位，引导家长将私家车停放到远离校园的停车场。

景区：为了提供更好的游览体验，景区交通规划应兼顾游客的便捷性和环境保护。可以建设直达景区的公共交通线路，并优化班次，确保游客能够方便快捷地进入景区。在景区周边设置停车场，引导私家车停放，减少车辆在景区内部通行。此外，可以规划步行道、观光车道等，方便游客在景区内部移动，同时减少对景区环境的影响。

其他区域：根据城市的实际情况，还可以针对其他具体功能的区域制定相应的管理策略。比如商业综合体、医院、体育场馆等区域，可以针对其特点和需求，优化交通组织和服务。

4.3 重点道路和节点的交通组织

重点道路和节点的交通组织，对于整个交通系统的运行效率和交通流畅性至关重要。在重点道路和节点的交通组织规划中，需要考虑以下几个方面。

首先是重点道路的交通组织。重点道路通常是城市主干道、环城快速路等，承担着大量的交通流量和交通需求。因此，重点道路交通组织规划是区域交通组织规划的重要组成部分。重点道路交通组织规划主要包括：路段车速控制、车距控制、交通管理设施设置、路段横断面宽度和路段交叉口间距设计等。

其次是重要节点交通组织。节点通常是交通网络中的关键控制点，如交叉口、立交桥、环岛等。如果节点处交通组织能够科学、合理地进行，将对整个路网运行效率的提高起到至关重要的作用。节点交通组织规划的主要内容有：节点交通流控制、交叉口信号控制、平交路口渠化、立交交通组织和环岛交通组织等。

除此之外，重点道路和节点的交通组织还需要考虑交通管理设施的设置。这方面包括交通标志标线、交通信号灯等设施的布置和设置。通过合理设置这些设施，可以引导和规范车辆行驶，提高交通安全性和通行效率。

此外，重点道路和节点的交通组织还需要结合城市的整体交通规划，考虑公共交通、非机动车和行人的需求，提供便捷的交通接驳和换乘条件，促进多种交通方式的协调发展。

4.4 过境交通组织

过境交通指经由某一区域，但起止点均不在该区域内的交通需求，通常由过境的货运交通和客运交通组成，车辆需要行驶的距离较长。城市过境交通对城市交通系统有着较大的影响，无论是大城市还是小城市都会存在这种情况，尤其在小城市中，过境交通所占比例相对较高。

城市过境交通具有以下特点：车辆行驶距离较长，货车比例较高，并且车辆的起止点有一定的规律性。为了减少对城市的影响，城市过境交通应该尽量避免穿越城市，选择绕行的路径。

为解决城市过境交通问题，根据国内外的实践经验，主要可采用三种模式：绕越式过境、直线式过境和复合式过境。

城市过境交通高速环线是一种全封闭道路，旨在使过境车辆远离城区，减少交通拥堵，并促进城市内部道路系统与外部高速公路系统的衔接。过境交通环线道路的布局可划分为不同的模式：

1）作为国道主干线组成部分的环路。
2）与国道主干线和其他高速公路共同形成环路。
3）与国道主干线和非国道主干线组成的非闭合环线的扇形环路。
4）与国道主干线和其他高速公路组成的非闭合环线的扇形公路。

4.5 重点车辆管理

在重点车辆交通组织管理领域，货车禁限行区域的划分问题具有重要而突出的意义。

具体货车禁限的时间范围、空间范围、车种范围，要视禁限区域具体情况而定。一般先从上下班高峰时段和大吨位货车开始禁起，逐步扩大禁限时段、禁限车种、禁限空间的范围[11]。

实施货车禁限政策需要综合考虑多种因素，包括交通流量、道路容量、道路网络布局，以及居民和商业活动需求等。需要平衡货物运输需求和经济影响，并积极推动其他补充措施来保障货物的高效运输。这些补充措施包括优化物流配送系统、引导货车绕行市区等。

4.6 交通需求管理

交通需求管理[12]是根据交通出行产生的内在动力，以及出行过程中所表现出来的时空消耗特性，通过各种政策、法令、现代化信息系统、合理开发土地等对交通需求进行管理、控制、限制或诱导，减少出行的发生，降低出行过程中时空消耗，诱导交通流避开拥挤路径，建立平衡可达的交通系统。其中，最普遍的交通需求管理策略包含错时上下班、尾号限行等。

4.6.1 错时上下班

"错时上下班"通过对交通需求总量在时间和空间分布上的调控，缓解上下班高峰期交通需求与供给之间的矛盾，降低出行过程中的时空消耗，建立平衡可达的交通系统。

由于措施实施的强制性及范围的广泛性，"错时上下班"政策的实施会与城市发展及居民活动之间产生矛盾，为保证"错时上下班"政策能够顺利实施，需分析并解决以下矛盾。

1）居住区位与工作区位的矛盾：实施"错时上下班"可能导致不同区域的同一单位人群难以达到统一的"错时"标准，可以考虑采用弹性工作制度来解决。

2）"错时上下班"与生活的矛盾：调整上下班时间的范围需要合理，避免给出行者带来过大的困扰，并防止交通拥堵叠峰和移峰效应。

3）"错时上下班"与经济的矛盾：实施"错时上下班"可能减少单位间的经济交流，影响经济活动，并降低出行消费行为和社会经济活力。

为保证"错时上下班"顺利实施，更进一步缓解"错时上下班"实施过程中的矛盾，获得较好的实施效果，政府应该出台一些保障措施。我们把具体的保障措施总结如下。

1）弹性工作制：政府应允许某些单位自由实施弹性工作制，员工在限定时间内可以根据个人情况灵活决定上下班时间，以减小对单位和个人的影响。

2）校车/班车服务：提供校车服务，消除学校对"错时上下班"的制约。采用校车可以减少道路交通量，缓解学校周边交通拥堵，避免家长与学校的上下班时间冲突。

3）延长公交运行时间：延长公交车的运行时间，满足早晚高峰之外的市民出行需求，充分发挥公共交通的便利性和公益性。

4）加强公交配合：实施公交的"大站快车"和"区间车"，提高运行效率，缓解拥堵。政府应督促公交公司根据客流变化及时调整运营线路，制定解决方案。

5）应急管理：政府应加强应急管理，结合实际情况制定应急处置预案，建立完善的应急机构，以应对可能出现的交通堵塞和其他突发事件。

4.6.2 尾号限行

尾号限行是指根据车辆的车牌尾号，对不同尾号的车辆在特定时间段或日期进行限制通行的交通管理措施。

具体的尾号限行政策可能包括以下几个方面。

1）限行时间：根据尾号的不同设置不同的禁行时间段。例如，周一至周五的早晚高峰时段禁行，或者特定日期（如某一天或某星期）禁行。

2）尾号限制：根据车牌尾号的奇偶性或数字范围来进行限行。例如，奇数尾号车辆禁行偶数日期，或者根据尾号的末位数字范围进行限行。

3）限行区域：限制车辆进入特定区域或道路，如市中心或特定地区。这可以帮助减少交通拥堵并改善空气质量。

尾号限行基本实施条件[13]如下。

1）机动车保有量大，道路平均运行水平低。车辆限行是为了缓解交通压力，机动车保有量和道路平均运行水平是衡量交通压力的重要指标。

2）城市公共交通较发达。治理交通拥堵如"大禹治水"，宜疏不宜堵，发达的公共交通是实行限行政策的基础。当交通拥堵造成越来越高的时间成本和不良情绪时，人们需要便捷、低价的公共交通代替私家车。

3）绿色出行理念深入人心。限行政策这一交通管理措施，不仅能够缓解交通堵塞，而且减少了车辆行驶数量，尾气排放量也有所下降，可以减轻空气污染，因而受到人们广泛关注。

4.7 机动车道管理

4.7.1 单向交通

单向交通又称单行线，是指道路上的车辆只能按一个方向行驶的交通。

当城市道路上的交通量超出其自身的通行能力时，将造成城市交通拥塞、延误及交通事故增多等问题。此时，在道路交通系统中，若对某一条或几条道路，甚至对某些路面较宽的巷、弄，考虑组织单向交通，则将会使上述交通问题明显得到缓解和改善。单向交通是在城市道路交通系统中，充分利用现有城市道路网容量，缓解城市交通拥挤的一种经济、有效的交通管制措施。

国内外实行单向交通的经验表明，实行单向交通一般应具备以下条件。

1）具有相同起终点的两条平行道路，它们之间的距离在 350 ~ 400m 以内。

2）具有明显潮汐交通特性的街道，对于宽度不足 3 车道的道路可实行可逆性单向车道。

3）复杂的多路交叉口，某些方向的交通可以另有出路的，才可以将相应的进口道改为单向交通。

4.7.2 变向交通

变向交通是指在不同的时间内，变换某些车道上的行车方向或行车种类的交通。变向交通又称"潮汐交通"。

变向交通按其作用可分为两类：方向性变向交通和非方向性变向交通。

1）方向性变向交通，是指在不同时间内变换某些车道上的行车方向。这类变向交通可使车流量方向分布不均匀现象得到缓和，从而提高道路的利用率。

2）非方向性变向交通，是指在不同时间内变换某些车道上的行车种类。它可分为车辆与行人、机动车与非机动车之间相互变换使用的变向车道。这类变向交通对缓和各种类型交通在时间分布上不均匀性的矛盾有较好的效果。例如，在早晨非机动车高峰时间，变换机动车外侧车道为非机动车道，到了机动车高峰时间，则变换非机动车道为机动车道。另外，在中心商业区变换车行道为人行道及设置定时步行街等，这些都是非方向性的变向交通。

变向交通的优点是合理使用道路，充分提高道路的利用率，从而提高了道路的通行能力，这对解决交通流方向和各种类型的交通在时间分布上不均匀性的矛盾都有较好的效果。

变向交通的缺点是增加了交通管制的工作量和相应的设施，且要求驾驶人有较好的素质，集中注意力，特别是在过渡地段。

1. 方向性变向交通的实施条件

与实行单向交通有其条件一样，实行变向交通也是有条件的。方向性变向交通的实施条件如下。

1）道路上机动车道数应为双向3车道以上。

2）交通量方向分布系数KD>2/3。

3）重交通方向在使用变向车道后，通行能力应得到满足；轻交通方向在去掉变向车道后，剩余的通行能力应能满足交通量的需求。

4）在城市道路上使用时，需考虑在信号控制交叉口进口道上相应地增加进口道的车道数。

2. 非方向性变向交通的实施条件

1）非机动车借用机动车道仅适用于一块板、二块板的道路，借用后机动车剩余车道的通行能力应能满足机动车交通量的需求。

2）机动车借用非机动车道后，剩余车道应能保证非机动车通行的安全。

3）行人借用车行道适用于中心商业区，除定时步行街外，要对机动车流进行分流疏导和控制。

3. 变向交通的管制设施

1）对于方向性和非方向性变换车道中机动车和非机动车道相互借用的情形，可采用变换车道标志和交通信号灯显示进行动态控制，也可使用锥形交通路标进行分隔。

2）对于非方向性变换车道中行人借用车行道的情形，可采用报纸、电视、广播等宣传公告及轻质材料护栏等分隔设施。

3）在变换车道上应配备警力，有警车巡逻、清除、处罚违章者，以确保交通安全。

4.7.3 专用车道

规划专用车道（或专用道路系统）是缓解城市交通问题的途径之一。专用车道包括多乘员车辆专用车道、多乘员收费车道、公交车辆专用车道和非机动车专用车道，简要介绍如下。

1. 多乘员车辆专用车道（HOV车道）

多乘员车辆专用车道是指为多乘员车辆（High Occupancy Vehicle，HOV）提供专门通行的车道。可使用HOV车道的车辆包括：公共汽车（Bus）、乘坐2人（或3人）以上的小客车（Car Pools）、乘坐2人（或3人）以上的货车（Van Pools），以及出现紧急事故的车辆（Emergency Vehicles）。有时为将公交车与HOV中的其他类型车辆进行区分，也将公共汽车与HOV分开。

2. 多乘员收费车道（HOT 车道）

多乘员收费车道（HOT 车道）是一类特殊的车道或道路系统，它兼有 HOV 车道和收费道路的某些特征。HOT 车道对多乘员车辆和其他可免费车辆给予免除收费的优待，而对其他车辆征收可变费用。HOT 车道与收费道路的主要区别在于，驾驶人可以自由选择是否使用普通车道（不收费车道）。

3. 公交车专用车道

公交车专用车道作为 HOV 车道的特殊形式，是指服务于公交车辆，供其专门运行的道路。

公交车辆载客量大，人均占用道路面积小，且可有效地利用道路，故可以采用公交车专用车道路的办法，来提高公交车辆的运行效率和服务水平，达到减少城市小汽车交通量的目的，使整个城市的交通服务质量得到改善，带来较大的社会经济效益。

第 5 章　学校交通组织

Chapter Five

5.1 交通运行特点

5.1.1 学校周边区域影响范围划分

学校区域是指幼儿园、小学、中学的校门上、下游150m半径范围内的道路[14]。根据学校的等级和对应招生对象分布的范围，各类学校对周边区域影响范围存在一定差异，总体而言应当根据学校周边道路交通现状，土地利用情况，及中小学对应招生小区，确定学校对周围交通的影响范围，具体应包括高峰时段交叉口进口道通行能力的5%是由学校建立产生的交通量的所有道路，交叉口以及其他将可能产生较大影响的路段，一般均包括学校周边道路以及关键交叉口。

对于存在多个学校的片区，应当综合考虑各类因素以及学校之间的联系，划定影响范围。首先，应当考虑学校在片区的分布以及地理位置，其次是道路系统现状，包括道路的等级和分布。根据道路交通组织现状，如交叉口组织方式，停车资源分布情况，路边停车使用情况，片区的公交线路和公交站点，对道路系统的服务水平进行评价，确定学校对周边交通的影响范围。

5.1.2 学校交通运行特点和存在的主要矛盾

1. 机动车与非机动车交通

由于中小学学生多为未成年人，出于通行安全和方便的目的，有些家长会选择驾驶私家车或非机动车接送孩子上、下学。接送人员中学生的祖父母或外祖父母等长辈也占到相当一部分比例，老年人一般时间较为充裕，在学校门口滞留的时间也较长。除去家长接送，小学生会乘坐公交车以及步行进行通学。中学生除小汽车和校车接送外，低年级骑自行车通学的较少，乘坐公交和步行的较多，高年级相对于低年级年龄更大、独立性更强，自行车通学人数增多。教职工到达或离开学校的交通方式中驾驶小汽车和非机动车的比例较高，乘坐公交的比例也较大，步行到达或离开的较少，这与教职工居住地点与学校的距离有关。

因此，在通学时段，短时间内会有大量的人员和车辆在学校门口聚集，私家车和非机动车辆在接送时一般会停车用于学生的上下车，由于停车设施配置不合理和交通管控措施不健全，以及一些驾驶人交通法规意识淡薄甚至无视法规，导致接送车辆违法占道、随意停驶、任意摆放，严重影响其他车辆的正常行驶[15]。在下学期间，接下学学生的车辆会提前来到学校门口停车等待，在此期间，接送车辆一般停靠时间更长，校门口交通状态更为混乱，甚至有些接下学学生的家长和车辆将学校门口围得水泄不通，学校人员和车辆无法顺利进出学校只能停下等待，这进一步加重了拥堵。

2. 行人交通流

行人频繁、无序地穿行道路的行为将迫使直行车辆频繁减速，严重干扰路段通行。

上下学期间，学校周边人行横道的过街行人中，在校学生比例较高。中小学生年龄一般在8~18岁，此年龄段的青少年个性好动，交通安全意识缺乏，其过街行为特点如下[16]。

1）群体性特点。多是二三人结伴同行，且性格活泼好动，容易一停一跑，交通行为不稳定。

2）交通安全意识较为薄弱，具有从众心理，容易一人闯灯多人跟随。

3）在过街时喜欢抢行，若来车车速较高或判断不准，很容易发生交通事故。

4）注意力不够集中。部分学生配有手机，存在打手机或低头发信息等行为，对过往车辆观察不仔细；学校周边商贩、小卖铺较多，容易分散学生的注意力。

学区交叉口的学生过街行人流有一个显著特点，无论是上学还是放学，无论是否有家长接送，所有学生过街的方向性是一致的。上学时间学生在学校交叉口的过街方向是朝向学校，放学时间学生的过街方向是背离学校方向。因此，学生在学区交叉口的行人流中通常只会出现在单方向上。

3. 混合车流

混合车流是指机动车、非机动车及行人共同占用交通道路形成的交通流，包括机动车和行人混合流、机动车和非机动车混合流、行人和非机动车混合流。城市道路多种类交通工具混合交织路段中，因机动车基本围绕机动车道行驶，而行人基本在人行道走，因此机动车和行人混合流较少，所以混合车流主要指后两种。上、下学时段，由于接送车辆占用自行车道临时停车，部分自行车和电动自行车被迫挤入外侧机动车道行驶，与机动车形

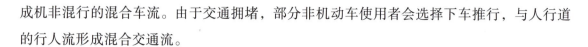

成机非混行的混合车流。由于交通拥堵，部分非机动车使用者会选择下车推行，与人行道的行人流形成混合交通流。

4. 交织车流

交织车流是指过马路的行人和推非机动车的行人，与直行的机动车和非机动车形成的纵横向交织车流。在每天的通学时段，有大量的学生及家长和非机动车需要穿过马路去往或离开路段中的学校，由于人行过马路交通设施缺乏、布局不合理、功能不明确，以及交通管理力度不够等原因，导致纵向的过马路行人、非机动车交通流与横向的直行机动车、非机动车流形成相互干扰的交织车流。

5.1.3 学校区域交通组织的常见问题

1）机动车、非机动车、行人道路混合交通通行现象严重[2]。这种复杂混合交通流如果管控不善，将严重降低学校门口道路的通行效率，影响学校周边交通流的运行，更涉及中小学生的安全出行问题。

2）城市交通车流与接送车流冲突严重。中小学校入口区如果与城市道路相邻接，就容易受到城市交通车流的干扰，还可能存在学校上下学高峰时期接送车流与城市日常交通车流混行的状况。对于邻接城市干道的校园，在放学时往往会出现靠校园一侧道路的短时间拥堵；而对于邻接城市一般道路的校园，则一般对城市道路交通影响较小。

3）机动车停车位不足。由于机动车停车位不足，大量驾驶人选择在就近道路上停放车辆，严重影响交通通行，且存在交通隐患。

4）非机动车停车位不足。非机动车依然是学生出行的主要交通工具，因此非机动车数量庞大。如果校园内没有充足的停车位，就会带来非机动车乱停乱放的问题，进而影响到正常的交通通行。

5）道路交通设施不完善。学校道路交通设施包括交通标志、标线、导向箭头、减速带、人行横道线、反光镜、护栏、网格线及挡车器等。交通设施不完善会带来交通组织混乱，机动车、非机动车、行人混行等安全问题。

5.2 改善措施

5.2.1 学校区域交通组织和优化原则

具体应遵从的组织和优化原则，必须从以下几个方面加以考虑。

1. **总量削减原则**

交通需求超过交通供给是道路交通问题发生的主要原因，然而交通供给受资源和环境的限制不可能无限增加，因此交通系统的供需平衡调节角度，应逐步从增加交通供给转换到降低交通需求上来[17]。当学校门口道路在上、下学期间因交通量过大而负担过重时，需要考虑通过减少通学交通车流量，减轻校门口道路的交通压力。其中，可以通过鼓励校车通学、公交通学等公共交通的方式来提高公共出行和安全出行比例，也可以鼓励合乘私家车，通过拥挤收费、停车收费等管控措施来减少通学交通车流量。

2. **交通分离原则**

学校门口道路交通组织优化应遵循交通分离的原则，即实现在空间上和时间上将不同流向、不同种类的交通流分离开来，避免产生交通冲突。其中，空间分离主要是利用交通标志、标线明确各种交通流在空间上的道路使用权、流向，如车道划分，还有就是高架桥、地下通道等设施的使用；时间分离主要通过信号相位和警力指挥协调来明确不同交通流在时间上的道路使用权。

3. **交通连续原则**

学校门口道路交通是由多种交通方式、交通参与者组成的复杂交通系统，交通需求往往存在矛盾。因此，交通组织和优化就不能只顾一方而忽视另一方，应力争各交通参与者都可实现交通连续。交通连续原则就是要求在最大程度上保证交通活动中的大多数交通参与者，在时间和空间上保持基本连续和不间断的通行。

4. **交通疏导原则**

交通拥堵是交通需求在时间和空间上的不均衡，导致在某一时间的某一地点交通需求大于交通供给的现象。交通疏导是缓解交通拥堵，保证交通系统高效性的重要手段，其目的是在已有的交通设施和道路资源条件下，通过疏导和组织方法，充分发挥已有道路资源和交通环境的通行效率。对于学校门口道路上峰谷较为明显的交通，可以通过单向交通、限行和交通诱导等措施，将学校门口的过境交通流引向其他非拥堵路段，达到削峰填谷、路网系统交通均衡的状态。

5. **交通优先原则**

交通优先是指某种交通流或某一类车型，在特殊时段具有对于道路的优先使用权，如"公交优先"政策中的公交车专用车道、校门口道路通学高峰时段的校车专用车道、校车优先停靠设施等。

5.2.2 学校交通组织优化思路及主要措施

1. 机动车交通组织

1)采用动态交通诱导信息系统[3]。利用LED电子显示屏实时显示路况、停车设施位置、剩余泊车位数量等交通动态信息。动态交通诱导信息系统可以在通学高峰时段提示车辆学校周边道路的路况信息,诱导交通流由拥堵、缓行等路况较差的路段向路况较好的路段转移,缓解交通拥堵。同时,动态交通诱导信息系统也显示出周边停车设施状况,方便接送车辆及时找到停车位置,减少学校门口道路私家车的停放。

2)设置机动车辅道或其他类似设施,在家长接送高峰时期对家长接送车流进行分流,提高机动车接送的效率。同时考虑辅道的错峰使用问题,提高公共资源的利用效率,如图5-1、图5-2所示。

3)对于机动车停车问题,可考虑在校园内设置家长接送等待区[18],这种情况又可以分成只为家长提供等待区,交通工具自理;或在设置家长等待区的同时提供交通工具存放处,如图5-3所示。第一种情况下压力在学校周边环境;第二种情况下学校负担这种压力。考虑到目前中心城区中小学校园的用地情况,可以适当考虑开发地下空间,并视情况与学校周边共享该资源。

4)增加放学期间专用信号配时方案[19]。根据放学期间接送学生交通的特点,对学校周边交叉口信号配时进行优化,增加放学期间的专用配时,保证大流量交通的快速驶离,减少拥堵。

图5-1 送学车通道起点标志

图 5-2 过境车辆与接送车辆分流交通组织　　图 5-3 学校周边不同停车位设置

2. 行人交通组织

1）设置开向不同道路的校园出入口，如场地条件理想可以视情况设置多个出入口。如场地条件不理想只能开向同一道路，那么要尽量拉开出入口之间的距离。学校可以通过开设侧门来为主大门分流和分担压力，将不同班级的接送区域分开固定设置于主门或侧门，避免全部学生均由学校大门出入造成的交通拥堵和通行效率低下。

2）对于学校出入口的人行横道，可以选择安装一组申请式交通信号灯[20]，即有人通行时按控制开关使干线亮起十几秒钟的红灯，其他时间一直绿灯，如图 5-4 所示。这可以使这一特定区域的交通管制更加人性化和智能化。

图 5-4 学生使用行人请求信号设施过街

3）对于入口区交通拥堵的中小学校改造，依法在中小学校门前道路上设置规范的交通警示标志，施划人行横线，如图 5-5 所示，根据需要设置交通红绿灯管制和减速带等设施，在一定程度上可以解决城市交通车流在上下学时段干扰学校入口区，避免机动车、非机动车、行人混行的情况[21]。

4）设置学生专用安全通道[22]。在学校门口设置安全通道，实现接送学生车辆与安全通道无缝对接。采用特殊颜色路面、设置安全防护栏、悬挂交通宣传板等方式实现通道设置，实现人车分离，如图5-6所示。

图5-5 封闭式安全岛、硬质隔离设施

图5-6 学生专用安全通道设置

3. 其他措施

1）提供校车接送服务，并为校车设置专用的停车设施。校车服务是目前解决问题的重要思路，对于一些跨片区招生的学校更为显著。

2）考虑辅以相应管理措施，如使用不同年级甚至不同班级错峰放学的办法。其次，利用制度把接送学生家长秩序化，变无序为有序，解决拥堵问题。

第6章 医院交通组织

Chapter Six

6.1 交通运行特点

6.1.1 医院周边区域影响范围

根据医院等级和接待患者数量,各级医院对周边区域的影响范围存在一定差异,但总体而言医院相比一般商业建筑具有更大的影响范围。医院周边交通组织问题集中于以下区域:医院出入口所在路段、公共交通站点至医院路段,因此在交通组织优化时应当重点考虑上述路段和节点。一般认为某路段或节点的5%交通量与医院相关,则该区域会受到医院的交通影响。

6.1.2 医院交通运行特点

患者出行就医产生了医院的主要交通需求,患者一般采用公共交通、网约车或私家车等方式前往医院,步行或非机动车相对较少。在进行交通组织优化时,需要结合医院内部各建筑、科室结构和外部路网,综合考虑附近公共交通、道路通行能力进行交通流量管控,合理规划和分流患者由地铁站或公交车站前往或离开医院的路线,尽量避免人流与车流的冲突。此外,还应当考虑突发公共应急事件情况下的医院交通组织,针对突发公共安全事件制定必要应急预案,保证交通拥堵区域或突发情况下的救护车通行能力。

医院交通组织元素主要包括三个方面:第一个方面是医院的出入口设计,包括主出入口、医护人员出入口、车流入口、货物出入口以及污物的出入口等;第二个方面是院内交通流线的设计,包括人流、车流、物流、污物流等;第三个方面是在停车落客、货物装卸的交通接驳区域的设计。上述三个方面的总体设计原则,应该做到人车分流、车流单向行驶、落客区域与停车区域分开设置、污物流线和出口单独设置等。如有必要可以采用单向循环,提高进出车效率。

医院机动车交通系统分为动态交通和静态交通系统两种形式。动态交通细分可将车流分为急救车流、门诊车流、出租车流和服务车流；静态交通主要考虑停车场的规划与管理。我国现有医院，多数存在机动车泊位不足的现象，因而导致医院周边道路交通混乱、环境恶化。因此，医院内停车场的规划尤其重要，应充分考虑未来发展中机动车拥有量的不断增加，在总体规划设计前期为未来停车组织预留足够的停车位空间[23]。

6.1.3 医院交通拥堵机理

目前医院普遍存在交通拥堵、停车困难、人车混行、进院车辆排队等问题，究其原因，主要可以归结于以下三个方面。

1. 医疗资源集中

区域医疗资源总量不足、分布不均，医院承担了过量的就医需求，医院的医疗供应能力十分有限；基层社康中心医疗水平差、难以实现分级诊疗，进一步加大了综合医院的就医压力；现行门诊排队挂号制度，导致就医需求在早高峰时期聚集，与城市主要交通流向重叠，增加了周边道路高峰时段压力。

2. 医院地理位置

享有盛名的医院通常建成时间较久，一般位于市中心道路狭窄区域，存在道路窄、车流大、车位少的问题。同时，医院在开口设置等问题上多不符合规范要求，随着周边地块建设不断完善，为医院预留的可发展空间越来越少；在医院长期的发展过程中，增添的建筑通常以见缝插针的形式建设在院区，不同年代的建设理念导致医院内部各种交通设置配置参差不齐，交通组织混乱；医院内部缺乏总体规划，院区地上、地下交通流线未能统一规划，缺乏合理引导，部分主出入口功能过于集中，未能做到人车分离，分类分流；院内配建停车供需不平衡、周转慢，停车管理水平较差、内部交通组织混乱、效率低；除大的交通事故外，医院内部的交通问题均由医院处理，面对各方人群，医院管理措施缺乏法律效，只能依赖于公众的自觉遵守。

3. 周边交通设施不足

医院周边公交、轨道交通设施不足，利用公交就诊客流比例较低；医院周边慢行系统不完善，慢行品质差。缺乏执法管理，出租车及网约车利用市政道路违章停车上、落客现象严重。医院建设之初及后期内部建设中，未能考虑对周边道路影响和充分设施预留[24]。

6.1.4 医院交通组织的主要问题

在我国医院发展历史过程中，存在对城市发展速度和规模规划预判不足、城市医疗用地资源配置不足、区域停车设施供需不平衡、历史欠账、运营管理不善等因素，形成以下几个共性交通系统问题[25][26]。

1. 停车供需不平衡，管理混乱问题

医院停车需求存在时间上的峰谷特征，规划停车场配建指标过低导致高峰期停车难进医院，车辆排队长度长，停车基本需求供给不足。医院路外停车供给不足、院外违规占道停车比重大、缺乏诱导标识等问题造成通行道路交通拥堵蔓延。停车交通组织不合理、设施缺乏或布局不平衡、机非停放混杂冲突、外来停车占用资源等交通管理混乱现象严重。

2. 公共交通设施差，且衔接不足

规划理念与城市建设的滞后导致公共交通设施布局、设计、组织及管理上定位不高，医院与轨道站点、公交站点之间缺乏一体化衔接，致使整体公交分担率及服务水平较低。出租车临时落客、作业区设置不合理、违章占道停车等行为严重影响干道交通运行秩序。

3. 交通布局受限，流线组织难

根据需求特征存在的差异，医院周边交通流线组织应满足功能、安全、时效等更高要求。但受医疗用地、道路条件等因素限制，无法满足所有流线功能分离或高效运行，致使与周边城市交通存在冲突、混杂运行等组织问题，严重时，将影响紧急救护交通通行要求。

4. 交通管理经验不足，服务能力较弱

由于医院的主要业务是医疗工作，缺乏交通秩序的管理经验。医院内部交通流线交叉，组织混乱，没有形成封闭的交通环线；院内行车路线的导向系统不完善，交通标识不醒目、不清楚；车辆管理的专职人员较少，对车辆在医院内的行驶和停放引导不力；停车缺乏分区，机动车和非机动车（自行车、电动自行车、三轮车）混合停放，经常有非机动车在院内乱停乱放；车流、人流、物流通道的设置缺乏系统论证，没有分别设置机动车、非机动车、行人专用通道，人车混行，秩序混乱；车辆出口和入口在同一个地方，出入口车辆需求大时容易造成拥堵[27]。

6.2 改善措施

6.2.1 医院内部交通改善方法

1. 医院正门交通组织优化

医院正门适宜开在城市主干道路段中部，距离临近交叉口保持一定距离，不仅有助于

承接就诊的大量交通流，也便于就诊车流快速疏散，降低拥堵。正门构建紧急救护、即停即走、出租车通道，承担医院主要的动态交通。设置即停即走、出租车临时停车区，并做好临时停车区的导诊，保证患者及其家属能够方便地完成就诊程序。社会停车组织尽量遵循"单侧进、单侧出"的原则，并在侧门预留出租车停靠空间，减少高峰时段车流重叠，内部单向交通组织，简化交通流线，提高通行效率。

2. 医院内部停车资源管理

通过挖掘地上、地下停车空间、建设立体停车设施等手段提高停车位供给；利用车牌识别系统、停车诱导系统、中央收费系统等技术，提高医院停车运行效率；合理利用价格杠杆，实施差别化收费，减少非就诊人员占用医院停车资源，提高停车资源周转率，引导就诊人群利用其他交通方式。

疏通医院内部道路，加强停车引导。交警部门指导医院加强院内交通疏导，在医院门口、院内通道关键节点安排专人配合交警指挥交通，同时在医院内增设行车指引标识，以及电子停车引导显示屏，引导车辆快速找到停车泊位，快速入位泊车，通过加速内部循环，缩短就诊车辆排队长度，减小排队外溢对道路交通产生干扰，如图6-1所示。

图6-1 医院内部停车引导标志示例

医院内部的停车资源可以通过在线预约来分配，通过建立停车位管理系统，将停车位信息录入系统，前来就医的人可以通过应用程序提前预约停车位，这可以确保他们提前知道停车位的情况，并通过导航系统迅速、准确地找到合适的停车位，减少在寻找空余停车位过程中对医院内部交通的干扰。同时，这也可以提高医院停车位的停车周转率，满足更多车辆的停车需求。

3. 医院内部摆渡车设置

建立医院门口到门诊大楼，门诊大楼到住院部等之间的摆渡车线路，帮助行动不便的就医患者完成最后几百米的就医路程。同时，该举措也能为不熟悉医院功能区设置的就医人员提供路线指引帮助。

6.2.2 医院周边交通改善方法

1. 完善公共交通服务

完善服务于医院及周边地区的轨道交通、公交设施，增设轨道交通、公交站点。提高乘坐公共交通方式前往医院就医的出行体验，吸引就诊客流乘坐公共交通方式就诊。确保医院与公共交通系统之间的协调，以实现更高水平的医疗服务可及性。

2. 提升医院周边配套交通基础设施

改造医院道路使其与周边道路网衔接、完善医院周边无障碍慢行系统，提升慢行系统品质，方便就诊人流使用。在高峰时段停车排队现象严重的路段，可视情况扩宽道路，或利用现状道路资源建设排队车道（医院内部有条件亦可）。

3. 设置就诊专用车道

医院所在路段设置就诊专用车道，将就诊车辆与非就诊的通过性社会车辆分离，通过设置标志引导就诊车辆有序排队使用，可以避免医院进出口交通与通过性车辆产生交织干扰，保证各方向车辆有序行驶。对于即停即走的车辆，就诊专用车道可以提供短暂的停靠服务，在避免即停即走的车辆对社会车流造成影响的同时，也能保证下车人员的安全，如图 6-2 所示。

图 6-2　医院门口就诊专用车道示例

4. 加强医院周边交通执法管理

通过增加交警管理点、增设违停区等管理措施，整治医院周边违章乱停、交通拥堵的现象。

5. 争取有关部门支持，疏导周边交通拥堵

解决医院周边交通拥堵问题，需要交警、运管、城管等多部门的支持和协助。可通过人大代表、政协委员向区人大、政协提交疏解医院周边交通拥堵问题的提案，引起政府及有关部门的高度重视。通过与交警、运管、城管等部门充分沟通和积极协调，协调交警部门在医院周边道路上划线设立进院车辆等候的专用车道，并加派警力专门负责医院周边道路的执勤和巡逻，及时疏导医院周边道路的交通混乱状况。

6.2.3 医院交通改善体系

综上所述，建立新建医院及改建综合医院交通改善体系，应如图6-3所示。通过从医院内部和医院外部两方面出发，大力发展公共交通，减少医院就诊人车冲突、车车冲突，充分挖掘停车设施空间，构建"安全、高效、环保、以人为本"的医院相关交通出行环境。

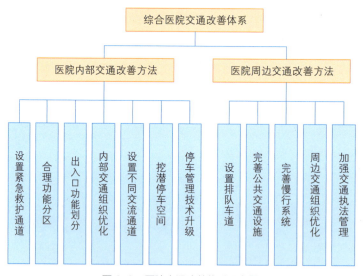

图 6-3 医院交通改善体系示意图

由于医院就诊交通是影响周边道路运行的主要影响因素，医院有责任提升自身服务，减少对周边交通运行环境的影响。因此，医院交通改善应以施行医院内部改善为主，周边道路设施改善为辅的原则，在不影响患者疗养及就诊的条件下，充分利用医院内部空间，提高运行效率和服务水平。对于新建医院，在其建设过程中要使各功能模块沿主要交通轴线展开，并保持顺畅的交通组织，预留出比较完整的场地，用以应对未来变化发展的需求。

第 7 章　商业区交通组织

Chapter Seven

7.1　交通运行特点

7.1.1　商业区周边区域影响范围划定

商业区的交通影响分析范围，取决于开发项目用地的位置与工程规模，包括开发项目所在地以及交通影响严重的周边区域。一般将交通状况受到开发项目显著影响的区域作为影响范围，例如，应重点研究与开发项目有关的交通量经过的主要路段与交叉口，主要聚焦于商业区周边的重要城市主干道，并将道路围成的区域一并作为研究区域。

7.1.2　商业区整体交通特性

1. 强大的向心集聚作用

中心商业区汇集了大量的商业、金融、娱乐等场所，为城市提供了大量的就业岗位，因而对外围有着强大的吸引力与聚集力。

2. 区域路网相对密集，交通流量大

商业区强大的向心集聚作用需要高密度的路网结构进行疏导，使得区域路网饱和度往往较高，导致车辆在路网上的运行效率往往不高，交通延误较大。

3. 区域各类出行相互交叉

城市中心商业区是商贸活动的集中地，汇集了大量商场、公共文化、休闲娱乐场所，区域汇集大量消费者和游客，该类出行者大多穿梭于各大型建筑之间，与区域路段频繁交织，将会对路段正常行驶车流产生严重干扰。此外，作为消费品集散场所，商业区还集中了大量货运物流，加上区域内流量大、车速低的特征，使得区域内交通拥挤严重，舒适度较差。

4. 公共交通设施多样化

中心商业区居民活动频繁，公共交通设施作为出行者到达商业区的主要交通方式，对其服务效率和服务质量有着更高的要求，大运量公共交通设施的不断投入，在城市轨道、BRT等设施的建设上成为重点。此外，为提高不同设施间的换乘效率，商业区建筑往往将不同公共设施集中在其内部，以缩短乘客在不同公交方式间的换乘距离，故有着较高的聚合度。

5. 停车设施分布广泛

中心商业区作为城市居民出行的重要汇集地带，路网设施压力严重，针对居民出行的大量聚集，需要在商业区周围及内部配置大量的停车配套设施。然而，由于建筑用地范围有限，现有大型建筑的停车配建难以满足停车需求，且为适应现代城市停车换乘管理理念，对停车设施建设的分散化、外围化是目前中心商业区停车系统的主要特点。

7.1.3 商业区交通流特征

中心商业区道路交通流从类型上分为区域内部交通流、到达交通流和过境交通流。过境交通流的出行目的往往与中心商业区无关，在交通组织上可通过区域外围快速路分流处理。而区域内部交通流和到达交通流，则具有如下特征[28]。

1. 流向的不确定性

城市中心商业区作为功能相对集中的城市片区，建筑分布多为商业性质为主，居民商业需求和出行方式的多样化，导致了商业区内部流向的不确定性。此外，在各商业建筑之间不断穿梭购物和观光客流，对道路交通流产生的随机干扰，也进一步增加了出行者路径选择的随机性。

2. 多点单汇与单点多散

中心商业区对居民出行的吸引主要体现在对文化生活、购物消费和休闲娱乐的功能上，这也是中心商业区对出行吸引的强度远高于城市其他功能区的根本原因，具体也体现在中心商业区对出行吸引的均质性、广泛性和广延性。在与中心商业区有关的出行中，城市各地区居民的商业活动使得不同方向上的交通流向商业区汇集，形成"多点单汇"现象，而购物、娱乐等高峰期结束，交通流则向商业区周边疏散，形成"单点多散"现象。居民出行的大规模集散现象是中心商业区交通流的主要特点。

3. 方式多样，换乘现象明显

城市中心商业区作为城市交通压力影响最为严重的地带，交通拥堵现象严重，加之区域有限的停车设施,使得区域路网中私人汽车出行成本大幅增加。与中心商业区的相关出行方式因而转向大运量公共交通系统,不同方式之间的比例特征较为稳定。此外,商业区外围往往布设城市道路系统的重要节点,交通流的中转换乘现象明显,通常需利用合适的手段对交通流实施诱导。

4. 昼夜交通量、人口反差大

城市中心商业区作为商业场所大量汇集地区,提供了城市中大多数的金融、购物、消费以及其他第三产业设施,较城市其他功能区而言服务性质更浓。因而,区域交通流存在明显的潮汐现象,白天汇集大量客流,而夜晚则客流量较小,整体上体现出明显的潮汐现象。

7.1.4 商业区交通的主要问题

中心商业区交通拥堵问题的成因可总结如下。

1. 区域路网结构不成体系

各级别间路网功能衔接不协调,甚至出现只重视主干道建设,忽视对次干路、支路等功能的发挥,致使低等级道路管理混乱、通行不畅,难以发挥对主干路车流的"消化""分解功能"。这往往也是造成交通拥堵点产生的主要原因。

2. 道路功能划分混乱

城市原有的老城区由于其自身条件的优势,最易发展成为中心商业区节点。但它同时受早期城市发展条件限制,区域路段往往路幅狭窄,支路纵横。对旧城区道路功能分级的不明确,过度发掘部分道路资源,又使得区域道路难以承载相应的交通压力。此外,中心商业区作为汇集大量人流、货流的核心带,区域交通本身具有很强的向心性,但往往与部分过境交通混杂在一起,加重了区域交通拥堵的产生[29]。

3. 节点设计不合理

中心商业区的道路混合交通量大,尤其在路网节点周围,机动车与非机动车,机动车与行人混杂在一起,对交叉口运行效率产生严重干扰,形成路网瓶颈,也制约了道路通行能力发挥。此外,高效的路网运行效果需要对各节点之间放行规则统筹考虑,以往只针对某个节点进行优化而不考虑相邻节点之间的联系,这也会使交通拥堵问题无法根本解决。

4. 交通设施缺乏人性化设计

在繁华商业街区,存在大量的行人客流,过街现象也较为普遍。部分街区过街设施的缺失使得行人与机动车发生横向干扰,在干扰车辆运行的同时,存在着严重的安全隐患。此外,不少商业区还存在无障碍交通设施不完善,交通设施利用率不足等现象。

5. 动静设施之间的相互影响

受中心商业区用地条件限制,可供交通设施设计的用地往往有限。不合理的静态设施设置不仅浪费了有限的道路资源,也制约道路通行能力的发挥。以往车本位的思想,导致大量压缩步行和非机动出行者的利益,甚至部分路段取消非机动车道设置,导致机非混行现象严重,影响交通设施发挥应有效益[30]。

6. 相应组织措施缺乏动态跟进调整

自我国开展城市"畅通工程"以来,各市政府均加大了对城市中心商业区交通规划的研究,并取得了一定成果。但是,商业区的建设是快速的,只重视前期规划而忽视后期的改善、调整、使得原有方案无法达到预期效果。缺少对规划实施后的交通系统动态、及时调整以及反馈评价体系的缺失,也是现有交通组织所存在的问题。

7. 政府相关职能部门之间缺乏协调

以往我国交通系统各组成部分,都分别由不同的职能部门进行管理,不同部门之间往往各自为政,对交通问题互相推诿,导致问题始终无法得到解决。随着近年来各大城市纷纷设置交通运输委员会进行协调,使得问题有所改善,但仍存在一定不足。

7.2 改善措施

7.2.1 商业区交通组织优化原则

结合中心商业区交通流的现实特点,及前述对中心商业区交通问题的分析,中心商业区道路交通组织优化应遵循的原则如下。

1. 交通分离原则

商业区作为居民出行活动最为频繁的地带,不同出行目的的车辆在区内路网互相穿梭,极易发生干扰。实施交通组织优化,应针对各类种类上、方向上的交通流在时间和空间上进行有效划分,减少交通冲突[31]。

2. 交通连续原则

要实现居民出行的高效性,应当保障在一次活动中出行不被打断,避免行程中产生较大的延误,即保障交通活动在时间和空间上的连续性。

3. 交通负荷均匀分布

现有城市路网中，往往存在高等级路段拥堵而低等级路段闲置的现象。通过采取有效的方向禁限、调整车道功能等控制措施，对商业区路网交通拥堵路段进行有效疏导，可使得区域路网城市服务水平均衡，避免产生级联失效现象。

4. 交通总量削减

随着商业区规模的不断开发，不断增长的交通需求是区域有限道路交通资源所无法承受的，需要对需求交通总量进行控制。对大型商用车辆进行限时措施，避免高峰期干扰。对于外部过境车流也可实现分流诱导等。

5. 人性化设计理念

应充分考虑出行者自身的利益，通过划分专用绿道，实现道路机非分离，保障非机动车和行人利益。

7.2.2 常见商业区道路交通组织优化方法

1. 路网单行线设置

路网单行线设置也称单向交通组织，即区域路网内部分路段只允许车辆按既定的方向行驶，其特点是避免了对向车流的横向干扰，提高了道路通行能力，是目前商业区解决路网拥堵的最有效方法。现有的单行线设置，主要有以下几种形式。

1）固定式单行线：既定单行路段全时段实行单向组织，适用于区域交通特征较为稳定或路段流量无大幅度波动的路网区域。通常会采用图 7-1 所示的交通标志引导单向交通。

图 7-1 单行线措施

2）定时式单行线：单行路段规则实行分时段设置。例如，区域交通高峰期内，只允许路段交通流大的方向上车流单向行驶，非高峰期间则恢复路段双向通行。以往针对此类单行设置的标准为，高峰期内交通流大的方向占整个路段流量的 2/3 以上，即可考虑采取此类措施。另外，对于高峰期次要交通流方向，则应相应设置诱导标志使之提前驶离单行路段。

3）可逆式单行线：即所设单行路段在不同时间段内单行方向可变。此类路段设置仅针对交通流在不同时段间有明显不均衡性时，才加以考虑。此类情况较少，通常可针对大型活动的集散进行处理。此外，在单行规则变更前，同样需对次要交通流进行提前分流处理。

4）分车种单行线：即单行规则不针对全方式车流，而是限制部分车种的进出，例如大型货车。此类单行线设置的同时，对于城市公共交通和非机动车交通，考虑其服务功能和便捷需求，仍可保持双向通行。

2. 路段潮汐式组织

潮汐式交通组织也称为"变向交通组织"，针对潮汐性车流分时间段对路段上部分车道通行规则进行改变，通常采用图 7-2 所示的可变车道实现。

图 7-2 可变车道

潮汐性交通组织根据其实施方法的不同，可分为两类：以变向为方法的潮汐性交通组织和以非变向为方法的潮汐性交通组织。其中，将分时段的部分车道行驶方向进行变换，使局部双向车道对称的方法称为变向潮汐性交通组织。此类方法主要针对不同时间段内的双向交通流分布不均进行处理，充分发挥道路固有通行能力。而分时段变换原有车道的车种路权，即实现机动车与非机动车道、公交车专用车道与常规车道等变换的组织方法，称为非变向潮汐式交通组织。此方法则主要针对分时段车种分布不均的现象进行处理。

3. 交叉口渠化交通组织

应针对车辆经过交叉口受通行规则或灯控信号所造成的路段通行能力折减，从优化交叉口组织设计出发，提高交叉口的通行能力和运行效率。基本方法为：对交叉口影响范围内的路段进行一定的展宽处理，增加交叉口进口道数量并与出口道数量相对应，增强节点对路段交通流的处理能力；对于进口道方向设置应与实际需求相匹配，充分利用道路空间；优化信号配时，提高通行效率；完善交叉口周边标线、过街、信号灯等设施设置；合理设置相关标识及信息提示，保障出行者及时做出反应等。图 7-3 是以果城路—滨江中路为例展示的渠化前后对比。

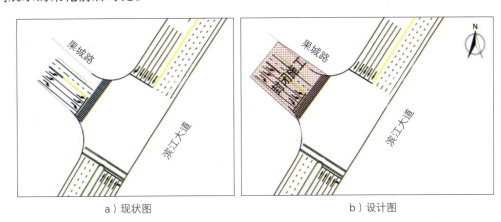

图 7-3 果城路—滨江中路渠化现状图和渠化设计图

4. 节点信号优化控制方法

交叉口信号灯控制是实现车流在时间上相互分离的一种有效形式，以车辆在交叉口的停车让行为基础，结合路口处各个方向上的交通流特征、车辆运行延误以及其他交通工程方法，通过采取信号控制措施，控制和降低交叉口内部冲突点个数，分划各进口道不同流向车流的通行路权。此类组织方法研究的重点为单点交叉口信号的配时设计，探索寻找最优配时方案使得节点的通行能力最大和交通流延误最小，达到最优控制效果。相关主要研究内容为信号周期设置、绿信比研究、左转信号配时等。在现代道路交通组织管理方法中，节点信号优化控制因其投入较少、便于维护和调整等特点，是目前各地采取解决局部交通拥堵的优先考虑方案。但应用此方法需要对节点周边的交通特征有足够的把握，且仅适用于解决局部交通问题。

5. 组织信号优化方法

此方法综合多个相邻节点之间的相互关系，实现交通信号的动态组织，提高节点对高峰期和非高峰期交通流的适应性，将无序的出行行为，通过节点调控实现有序化控制，从而避免交叉口资源浪费、缓解交通拥堵。

此方法适用于区域信号节点较为密集、以机动车流为主的区域，需对各节点进行联网控制并结合智能化交通设施的应用，因而成本较高，设置过程复杂，是目前动态交通系统研究的重要方面。

6. 路口流向控制组织

路口流向控制是指针对路口的左转、直行和右转等车流方向实施控制，通过限制某一方向上的通行来保障其他方向交通流通畅，避免因交织而发生相互干扰。一般与其他各种交通组织方法进行组合使用。

7. 公共交通组织

区域公共交通组织方法主要包括对站点优化设计和线路设计两个方面。站点优化设计主要考虑对公交站点位置选取、站点周边不同交通方式之间的转换衔接、站点位置及形式选取、站点规模等。线路设计则包括，对公交线网的优化调整，满足区域公共化出行需求，以及对公交车专用车道的设置。对于公共交通组织优化，最重要一点是需将"公交优先"策略贯彻始终[32]。

以上所列各方法均对区域交通拥堵问题有着良好效果，但所针对的研究层面及解决对象有所区别，需充分利用组织规划、交通工程、交通设计、智能系统等专业知识，现将各方法的特点总结如下，见表7-1。

表7-1 常用组织优化方法总结

方法	解决对象	涉及领域
路网单行线设置	区域路网通行规则优化	交通组织优化 交通设计
路段潮汐式组织	局部路段潮汐性交通	交通组织优化 交通调查
交叉口渠化交通组织	交叉口与路段通行能力匹配	交通工程 交通设计
节点信号优化控制方法	交叉口通行效率提高	交通设计 信号控制
区域信号协调优化方法	降低多交叉口处形成时间延误	信号控制 智能系统研究
路口流向控制组织	保障道路主方向通行优先权	交通设计
公共交通组织	区域公交系统改善，提高公共交通吸引力	公共交通系统规划调整

第8章 景区交通组织

Chapter Eight

8.1 交通运行特点

8.1.1 景区交通运行特点

景区交通是以旅游为目的的整个出行过程,以旅游者为主要运送对象,通过旅游交通线路、旅游交通运载工具和旅游交通枢纽所提供的交通运输服务,实现旅游者实现快速、舒适的空间移动,同时满足旅游者休闲、观赏等寻求愉悦的需要[33]。景区交通具体运行特征如下。

1. 游览性

旅游交通往往具有一定的游览性,这是与其他公共交通的显著差别。首先,旅游交通往往是在旅游客源地和目的地之间进行的直达运输,而在旅游目的地间是环状运输,使旅游者能够迅速到达,达到便于游览的目的。其次,旅游交通线路尤其是公路和水运线路一般要连接若干景区,旅游车船多带有宽大玻璃和可调座椅,便于旅游者在旅途中欣赏沿途风光。再次,某些特殊形式的旅游交通本身就是游览工具,如具有民族特色的羊皮筏,具有地方特色的滑竿[34]。

2. 季节性

由于节假日、气候等条件的影响,旅游者会集中在某一时段旅游,旅游活动在一年内分布极不均衡,因而旅游者对旅游商品的需求具有明显的时间差异和季节差异[35]。旅游旺季时,旅游客流骤增,交通堵塞;旅游淡季时,旅游客流骤减,运力过剩。景区游客接待量的季节性显著变化是导致交通需求波动的根本原因。处理景区旅游旺季的道路状态是重中之重。

3. 区域性

旅游交通线路是根据旅游者的流向、流量等形成的,集中分布在旅游客源地与目的地之间，以及旅游目的地内各旅游集散地之间，具有明显的区域性。同时，游客在游览时所选择的景点是趋于一致的，旅游者往往根据诸多因素进行综合考虑，进而到达某些景点进行游览活动。在空间上往往会表现为旅游需求聚集分布不均，直接导致热点景区旅游者集中而供给不足，而其他景区供给过剩。

4. 整体性

景区需要借助城市交通系统才能正常运行。景区交通除涉及出入口、停车场、进出通道外，应将连接景区的道路通道、城市公共交通系统、城市游客集散中心等统一考虑。解决方案应该从游客全游线、全历程角度出发，识别影响景区交通运行的关键环节，以构建高效、有序的景区交通集散体系。

8.1.2 旅游交通时间不均匀性

1. 旅与游时间冲突矛盾

旅游可以概述为两个部分：旅与游。从游客的角度出发，游客总是希望花在路上的时间更少，以保证有更多的时间分配到游览的过程中。这对矛盾贯穿于旅游始终，是旅游本身所固有的矛盾。

2. 年际、季度、节假日的旅游需求变化大

我国旅游市场规模基本保持年际递增趋势，城镇居民出游率较高，居民对旅游交通的需求较大。同时，加上农村居民出游市场的开发，以及来华旅游者的增加，我国旅游交通的供给将面临更大的需求市场。但是，由于旅游需求弹性较大，各旅游目的地准确预测未来旅游量的难度较大，因而增加了旅游供给建设的风险。在时间维度方面，旅游交通的供需矛盾在年内表现得比年际间的变化更为尖锐。

3. 旅游交通网络动态变化

在旅游业中，旅游产品生命周期理论在一定程度上反映了旅游产品从产生开始，经过发展、饱和到衰退的整个寿命过程。同时，旅游地则是以旅游产品销售为核心展开经济活动的。旅游地的发展无法永远处在同一水平，而是随着时间不断改变。旅游地的发展阶段可分为探索期、参与期、发展期、巩固期、停滞期、衰退期（或复兴期）6个阶段[36]。

8.1.3 景区交通组织主要问题分析

1. 景区与城市空间布局的统筹规划问题

部分景区开发和城市建设没有进行充分结合，在土地的使用和交通的发展方面没有进

行合理的规划，对于景区的交通过于重视交通的方式、交通的路线和公交站点、换乘中心以及停车场等交通设施的规划，而忽略了景区与交通的有机结合，这样的景区交通规划势必会严重影响城市的交通秩序[37]。

为此，要增强景区和对外通道之间的衔接，使小汽车在出行时能够尽快进行集散，利用最短的时间疏解景区旅游交通的出行需求，最大限度防止旅游交通和城市交通过度的交织和融合，以提高景区交通的质量。

2. 面向区域吸引力问题

目前，尽管很多景区具备较好的地理条件，但由于公共交通的相关设施无法提供充足的供给且覆盖的范围比较小，使得景区开发的品质和知名度较低，面向区域严重缺乏吸引力，不能激发远处游客的兴趣。

为此，要以区域内的轨道交通、有轨电车、普通公交及旅游巴士专线等交通系统为基础，提高景区和城市区域内的高铁站、火车站、客运站和区域机场等大型交通枢纽的换乘效率，对外形成以公共交通为主的旅游交通模式，增强景区面向区域的吸引力，由此满足景区区域远距离旅客的出行要求。

3. 过于依赖小汽车

通常情况下，很多景区都会与较大的交通设施相邻，包括高速公路、城市的快速路以及主干路等交通设施，对外道路设施的优势使得小汽车成为旅游的主要交通工具。但小汽车占比过高会对景区的交通组织形成很大的阻碍[38]。

为此，可以将景区的服务集散中心和"P+R"公共停车场作为基础，对道路交通、公共交通、慢行交通及停车系统等进行全面的整合，创建更具层次感和立体感的景区接驳换乘交通网络，打造具有高效性和便捷性优点的内外交通衔接系统。

4. 景区交通组织在高峰期存在挑战

大部分景区的对外交通和城市交通的高峰期都会有交织的情况，彼此造成影响，极易产生安全问题；而且在高峰期，在景区交通规模不断扩大的形势下，景区的内外道路会出现拥堵现象，大大降低了景区交通和内部交通的通畅性。

为此，在充分考虑到人们的相关需求的基础上，创建出具有较强安全性、通畅性和环保性的交通体系，采用公交与慢行相结合的景区内部环保交通方式。在对道路系统进行规划时，道路的功能等级与网络布局的形式一定要满足公交出行的相关需求；而在对道路进行设计时，运用宁静化、生态化和精细化理念，设计并构建出高体验和高品质的景区交通系统。

8.2 改善措施

8.2.1 景区交通组织优化总体策略

景区交通的改善前提是景区的保护，任何景区内的措施改善、工程建设、管理都不能违背景区保护的初衷，尤其是风景名胜区和世界遗产区内的所有自然的、文化的、历史的实物都应该被保护起来，维持景区内景观的完整性。

在风景区人文和自然资源保护、机动化快速发展的两大背景下，景区交通组织优化的主要任务是提高景区交通运行效率，实现景区景观资源的可持续利用，在景区本底条件因素和保护要求下，尝试对"交通软环境的扩容"，即在既有道路交通设施条件的基础上，通过交通需求管理，实现运行效率的最大化开发。同时，要明确其上限是景区的环境承载力，必须对景区污染物排放大、低效的个体机动化交通进行管理抑制，对进入景区的游客数量进行调控。

8.2.2 景区周边道路交通组织与管理

1. 出入口设置及管理

城市内旅游景区的主出入口可能会直接和城市干道相连，这往往是由于历史原因而形成的，无法轻易进行改变。可以采取措施来改变出入口服务对象，将与主干道相连的出入口设置成行人出入口，而与次干道或支路相连的出入口设置为车辆出入口。

郊外景区对于主入口位置的选择，要联系旅游客流方向、旅游集散中心、城市交通枢纽，以及与其他旅游景点的结合来考虑。对于允许机动车进出的景区，主出入口要采用"右进右出"的交通组织原则，如果旅游景区主出入口正对高速道路或旅游干道，还应在主出入口处采用信号灯进行交通控制。

2. 机动车管理

城市内景区对于私家车的交通组织与管理，关键在于引导车辆驶入或是驶出停车区域，对于旅游淡季，可通过标识牌进行引导，而对于旅游旺季，还需要配备现场指挥人员，实现机动车的合理有序进出停车区域。同时，在旅游旺季高峰期时，可在靠近旅游景区附近的主干道，设置旅游车辆专用车道，供旅游车辆专用，与城市公交车专用车道相似，以满足高峰期的交通需求。

郊外景区占地面积一般较大，内部游览线路较长，因此，部分郊外景区为开放型，允许机动车进出景区。针对此类景区，需要采取一些机动车管理措施，例如，在景区内部布置多种游览交通工具,在旅游旺季禁止机动车进入[39]。

3. 公共交通组织管理

在交通流量一定的情况下,公共交通站点布设的是否合理已经成为影响道路通行能力的重要因素。

公交停靠点的设置原则如下。

1)公交停靠站应尽量与旅游景区接近,提高公交出行的方便性与可达性。

2)公交停靠站不可设置得过于集中,避免大量游客涌入一个出入口,造成该出入口过度拥堵,而其他出入口闲置的情况出现。

3)针对旅游旺季,规划专门的临时公交线路,配置公交运力,设置临时站点,满足旅游旺季的公交需求,给游客创造一个舒适的乘车环境[40]。

出租车停靠点的设置原则如下。

1)与出入口附近的公交停靠站错开,避免过度占用机动车道和人行道,防止对景区出入口周边道路交通秩序造成混乱影响。

2)出租车停靠站的位置设置要适当,若距离旅游景区出入口过近,会降低出入口的通行能力;若距离景区出入口过远,会导致游客选择乘坐公交车到达或离开,导致公交承担的运输量过重,也无法满足不同游客的需求。

4. 步行组织管理

若旅游景区行人出入口正对城市主干道,那么应该实行人车分离,设置行人过街设施,如地下通道或行人天桥,避免旅游景区出入口的交通混乱,减少对城市机动车流的影响,同时也能保障行人的人身安全。

若旅游景区周围有较大用地,同时出入口也未直接和城市主要道路相连,那么可以设置游客步行区域,并与商业设施同时开发,给游客提供良好的游览环境,除此之外,还可保护旅游景区的生态环境。

5. 指路标志

对于城市内景区,交通指引需要从干线公路入城口、城市快速干道的出口或出口处附近的交叉路口开始引导。在景区附近 0.5~2km 范围内,需要预告旅游景区信息时应放置旅游预告标志。

对于郊外景区,交通指引需要从干线公路与通往旅游景区公路的交叉口开始引导。在靠近景区的公路交叉口附近,引导出行者通往景区的地方应设置旅游交通指引标志。在高速公路或一级公路上,旅游指引标志设置在通往景区进口的减速车道的起点,并尽可能与出口预告标志相结合；在一般公路上，旅游指引标志应设置于交叉口前不少于60m处[41]。

8.2.3 景区内部交通组织与管理

风景旅游区的道路交通系统包括机动车快速交通系统与慢行交通系统。风景旅游区交通的组织要根据游客的行为心理、游览观光路线、人流及视线空间组织、地形地貌条件、景观意境表达等因素，充分利用已有道路，完善道路交通系统。

1. 机动车交通组织

1）旅游景区内的机动车交通不仅有旅游性交通，还有部分生活性货运交通，交通组织应遵循"客货分离"的原则。为了保证景区的游览质量，应安排必要的货运通道，并对通行时间和通行线路作特别规定，尽量减少对游客的干扰。

2）在机动车急转弯路段，需要确保提前警告，还应设置拐点处的广角反光镜，保证行驶的安全性。在景区内必须要限制机动车速度，一般要求15km/h以下，确保游客安全。

3）游览车辆路线，应为专用路线，游客禁止使用，游览车辆应尽量经过各旅游景点，最好设置成闭路环状，若有多条线路还应设置换乘聚散点；同时，游览车辆应使用环保型，体现低碳、绿色、可持续的发展理念[42]。

4）在旅游高峰时段，可根据道路交通条件，禁止机动车进入景区，或者对机动车实行限制管理，为游客提供更为舒适的步行环境，减缓景区内部的交通压力。

5）对于旅游性的交通，主要是保证景区之间的通达性，在局部路段要采用交通宁静技术，保证景区的宁静效果，满足旅游者游玩的需要；其次要通过清晰可见的景区、景点交通指示标志，提醒旅游者及时地到达目的地；最后要通过一定的交通标志、服务设施，保证机动车在特殊地形下行驶的安全性。

6）为了满足旅游者需要，则可能要安排必要的货运通道，同时对其通行线路和通行时间作特别规定。对于应急性交通，要保证具有良好的通达性和一定的可达性，同时尽量减少对旅游及生活性交通的干扰。

2. 慢行交通系统组织

非机动车交通方式在风景旅游区占有非常重要的地位，随着共享单车的大体量投入，租借式非机动车广泛存在于各风景旅游区，合理地组织非机动车交通具有重要的意义。风景旅游区的非机动车交通既可以采用多种组织形式，如采用机非共板，也可以采用独立性非机动车交通网络[43]。为了引导非机动车安全、有序地运行，常在道路路段和交叉口采用彩色路面铺装，辅以适当的标志标牌进行标识，对部分交叉口左转非机动车，可组织其与行人一起二次过街。

步行道是游人进入、穿越景区景点的路径,更是游人观景以及与环境融合的重要途径。风景旅游区的游道具有构成景色、引导游览、集散游人的作用。其规划按照安全、便于游览和环境保护的要求进行,具体的组织管理措施如下[44]。

1)步行线路的选择。人行道的设计不要太直,尽可能有弯道。最理想的人行道是起点和终点相近的单环线,避免游客走回头路。为防止游人在小范围内密度过大对动植物产生不利影响,设计环形游径时要尽可能增大其直径,以降低游人密度。为利于游人的欣赏,要有必要的标志牌和休息服务设施。

2)步行道景观生态化设计。尽量避免贯穿草地、廊道,以防破坏草地、廊道的完整性,又要避免给生态脆弱地区带来不良影响。

3)步行道路面材料。路面以碎石、卵石、块石或砂石铺设,并尽量遵循就地取材的原则。路面宽度根据游人数量和停留时间确定;陡坡路段要设置护栏,其造型应与景色的基调融合。

4)步行道人性化设计。在一些游人需要停留观景或小憩的地方,可利用地形设置一片平台地,并安放一些石桌、石凳,供游人休息、停留,注重提升观赏性和趣味性,优化步行环境,延长游客逗留时间,增加游客与游客、游客与景点之间的互动性,提高旅游资源的使用效益。应多考虑老年人,进而进行步行道的设计,减少台阶同时辅以无障碍的坡道。

5)对于行人和机动车混行的路段,为保证行人的安全,减少行人对机动车的干扰,可将步行道与机动车道分离,设置隔离墩,增强路段的通行效率。

6)在游客高峰时段,对于流量较大的步行道,可以组织局部单行,或进行道路拓宽、增加分流道路,减少交通拥堵,提供最佳的游览环境。

7)对于行人和机动车混行且流量都较大的路段,可以采用单车道和应急车道的设计方法,尝试扩充慢行通道的同时也能保证机动车的应急通行。

3. 快、慢交通系统的协调组织

慢行交通与机动车交通之间的衔接主要需解决的问题,是在机动车交通的终端如何方便地将机动车交通出行者迅速转变为慢行交通出行者,即实现两者之间角色的快速转换,体现风景旅游区"快慢有致"的特征。继而再通过慢行交通与风景旅游区各种旅游服务设施、景区、景点形成有机联系,使机动车系统能够与风景区环境融为一体,整体协调,做到真正意义上的"以人为本"[45]。

慢行交通与公共交通之间的衔接，应考虑建立"公共交通+自行车交通，公共交通+步行交通"的联运系统。自行车可以为公共交通提供集疏运服务，既可以促进公交作用的发挥，又可以发挥自行车在短距离出行方面的优势。为此，应在公交站点尽可能结合景区景点布局设置自行车停车位，并加强管理，合理组织各类交通流线，做到公共交通与慢行交通的无缝衔接。

8.2.4 景区停车管理措施

大型旅游景区停车管理系统应以计算机网络作为核心，把停车管理信息系统、电子收费系统、环境保护系统、停车诱导系统、安全监控与紧急状况处理系统联系起来，提高游客停车的方便性与快捷性，促进车辆停放的科学、安全、有序以及智能化。针对旅游旺季景区停车问题，应以系统性、科学性、可持续发展为原则，综合运用停车需求管理理念，从停车收费政策、停车信息服务、限制本市私家车进入景区和设置短途摆渡车等方面，找出解决旅游景区停车困难的管理措施[46]。

1. 停车收费政策

停车收费是非常有效的停车管理措施，因此可以制定合理的停车收费政策来提高旅游旺季景区停车场利用率。

首先，将停车泊位按照与旅游景区的距离、服务水平、类型进行收费等级的划分，距离景区越近的停车场收费越高。同时，对停车供给无法满足的区域，及时开辟路内临时停车位，引导车辆有序停放。在收费标准上，路内临时停车点要适当高于路外停车场，引导游客优先选择路外停车场。其次，对不同停车场、不同停放时间的车辆采用不同的收费标准，达到均衡空间、时间分布，实现削峰填谷的作用。

2. 停车信息服务

停车者需要的停车信息主要有两类：路径选择信息与停车泊位动态信息。通过出行前、出行中的准确、实时的停车信息服务，可以提高停车的便利性与安全性，平衡旅游景区周边道路和停车场负荷，更好地实现有目的地停车。

3. 设置短途接驳车

为了减少步行距离，游客总是期望将车辆停放在最近的停车场。因此对于停车场距离较远的情况，为提高停车场的利用率，可采取"P+R"的换乘模式，设立短途接驳公交站，提供停车场至景区出入口的接驳服务，提高游客停车的便利性。

第9章 大型活动交通组织

Chapter Nine

9.1 交通运行特点

9.1.1 大型活动类型

根据国内外相关参考文献的讨论可知,大型活动可以按照活动级别、活动时间、活动举办的地点、活动性质和活动规模等不同标准进行分类[47]。其中,可以根据不同活动级别所引起的交通需求特点不同,将大型活动分为国家级、省级、市县级。

9.1.2 大型活动出行者特性

大型活动的出行者包括事件主要参与者、官员及贵宾、媒体成员、赞助商、工作人员及志愿者等直接相关者,以及普通观众、参观者等间接相关者。

大型活动出行者主要有三个来源:本地出行者、国内出行者(可细分为周边地区出行者、国内其他省市出行者)和国际出行者。这四种类型的出行者自从离开他们的"来源地"开始,便逐渐转化成为活动举办城市的"准出行者",并最终到达三种地方:

1)当地市内居民区:容纳本地出行者和住亲戚家的外地出行者。

2)当地旅店:容纳部分国内其他省市出行者和绝大多数国际出行者。

3)周边地区城市:容纳大部分周边地区出行者,以及部分国内其他省市出行者和国际出行者。

9.1.3 大型活动交通需求特性

1)交通需求的临时性:大型活动出行与常规出行的区别在于需求的临时性。日常通勤出行的路线比较固定,但是大型活动的出行路线因为出行者的不同会因人而异。

2)交通需求的空间集中性:大型活动一般会吸引大量的观众和各类参与者,一场中型的球赛可能有3万~6万人参加,而大型开幕式可能吸引10多万人参与。大型活动引发的交通需求量远远大于其他类型用地所产生的交通需求量。

3）交通需求的时间集中性：大型活动的出行在时间上具有很强的波动性，这种出行需求在时间上的集中性和波动性给交通设施带来了前所未有的考验。

4）交通需求的层次性：不同于城市的日常出行需求，大型活动的交通出行需求具有比较明显的层次性，且不同层次的优先级别不同。

5）交通需求的可靠性：大型活动的举办有严格的时间，因此交通需求也具有很高的可靠性要求。这种可靠度可以理解为三个方面：保证可达、保证能够满足出行需求、保证不同层次的人员到达场地的时间准时性。

9.1.4　大型活动交通流特性

大型活动交通流特性受出行需求特性的影响。基于以上出行需求特性的分析，大型活动交通流具备以下显著特性。

1）不确定性：大型活动出行需求的临时性，导致了出行者对路线的不明确，即出行路线的不确定性。

2）时空分布不均：大型活动出行需求在时间上的波动性，是造成交通流时空不均匀的主要原因[48]。

3）交通流随时空波动大：大型活动引起的交通需求在周边路网上的流量具有很强的时空波动性。

4）交通流单源多发或多源单汇：大型活动进场过程会形成"多源单汇"的交通流。反之，在大型活动散场后会形成"单源多发"的疏散流。

5）不均匀系数大：大型活动进散场过程中，出行需求目的性比较强。在大型活动开始前前往活动场馆方向的路段车道上流量较大，此时在相反的方向上流量较小。而在活动结束后的散场过程中则相反。

6）出行方式差异明显：大型活动的出行组织中，活动组织方为保证活动的顺利进行，要根据不同出行者的不同出行需求，主动地提供不同的交通服务。

9.1.5　大型活动交通方式构成

1. 我国城市居民大型活动期间的交通方式构成

1）城市居民在大型活动期间选择出租车方式出行的比例远高于日常出行，选择自行车/步行出行方式的比例则要低于日常出行，这在一定程度上说明人们在参加大型活动这类娱乐型活动时对交通方式的舒适性要求较高[49]。

2）人们在大型活动期间选择地铁（轨道交通）、出租车出行的比例要高于日常出行，可以说明人们在参加大型活动期间对于交通方式的出行时间特性要求较高。

3）城市居民选择小客车出行受到居民机动车拥有率的限制。同时考虑到有车户出行习惯相对固定的因素，在没有采取特殊管理政策的情况下，大型活动期间观众采用小客车方式出行的比例相对固定。

2. 主要影响因素分析

国外相关研究成果显示，与社会日常交通方式相比，出行时间、停车便利性、交通费用等因素，对于人们参加大型活动时的交通方式选择具有显著影响。

研究发现，我国城市居民依然将出行时间、相关交通费用、停车便利性3个因素作为该问题的影响因素；同时，我国城市居民在参加大型活动期间还将结伴人数、出行习惯、交通管制、舒适性作为交通方式选择的重要考虑因素。

9.2 改善措施

9.2.1 大型活动交通组织原则

交通组织的基本要求包括安全性原则，可达性及灵活性原则，公平性及公众参与原则，交通组织和管理措施具有可操作性、有序、高效、可控的原则，弹性原则和实用性原则。

9.2.2 大型活动交通组织方法

1. 灵活有序，增强交通系统中的薄弱环节

大型活动交通属于非常规交通，具有较多的不可预测的影响因素，因此需要交通组织管理措施有序而灵活，具有很强的应变性，增强系统的薄弱环节。可以通过增加交通方式的多样性、增加路网系统承载能力和连通性[50]、建立联合应急反应机构，协同各部门进行应急反应，建立大型活动参与者应急预案，并通过媒体、网络及时通知参与者路网交通状况等方式，增强系统策略的灵活性。

2. 以人为本，保障大型活动交通组织公平性

大型活动社会影响巨大，往往上升到政治层面，因此大型活动组织管理要充分认识到公平性问题，体现以人为本原则。为保障大型活动交通组织的公平性，需要对高功效比运输工具给予优先通行权及停车优先权，保证弱势群体出行的基本可达性，为老弱病残人士提供特殊服务及无障碍设计，并尽量减小大型活动交通对日常交通出行的影响，保障活动

场所附近正常的生产、生活。

3. 高效可控，增强公共交通系统中的薄弱环节

大型活动公共交通保障要本着有序、高效、可控的原则[51]。这就要求提高公共交通出行的准时性，减少社会车辆对公共交通的干扰，提高公共交通的便捷性。同时，公共交通的组织调度应具有很强的应变性，强化公共交通系统中的薄弱环节。

4. 动、静态交通协同管控，控制停车需求

预测停车需求，挖掘停车资源。通过大数据，挖掘刚需出行需求，预测大型活动停车需求，并根据实际情况提前安排社会停车场、路侧停车等停车资源。根据停车位置，配置公交接驳车辆。根据停车场的停车预测，配备往返停车场至活动中心接驳观众的公交大巴。

5. 实行区域多级控制，加快疏散分流

设置核心管控区和外围分流区。核心管控区内道路禁止与活动无关的社会车辆通行，工作人员车辆凭通行证进入。为减少扰民，根据道路的交通服务水平，对场馆出入口相邻道路进行单侧管控，另外半幅道路允许社会车辆通行。使用交通诱导屏发布交通管制提示，避免出现临时掉头等无效交通，造成短时拥堵。

第10章 交通枢纽交通组织

Chapter Ten

10.1 交通运行特点

10.1.1 交通枢纽的类型

1. 交通枢纽分类

交通枢纽指两种以上运输方式或多条公交线路交汇的场所,是乘客集散、转换交通方式和线路的场所。交通枢纽建立的目的是在各种交通方式并存的条件下,方便乘客、平衡客流,提高整个城市的客运交通服务水平。

依据城市类型、交通与运输方式组合形式、交通与运输方式的布设形式、服务区域、统筹程度等,可以将城市综合客运枢纽划分为不同的类型,见表10-1。

表10-1 城市综合客运枢纽类型及特点

划分依据	类型	主要特点
按交通与运输方式组织形式	多种交通与运输方式	综合交通运输发展到一定阶段的产物,此类枢纽与城市的发展、地理区位的重要程度及政治经济文化活动相当。辐射能力强,占地范围大,能够引导周边的土地开发利用,形成城市的一个子区域。受用地条件约束,一般选址在市郊,多种对外交通主要干线的交汇处,主要适用于特大城市和超大城市
	以航空—轨道为主	依托客运量大、集散能力强的航空枢纽建设发展起来,需要大运量的轨道交通作为主要疏导方式,主要适用于一般大城市、特大城市和超大城市
	以铁路—公路为主	依托铁路枢纽建设发展起来,在城市交通规划中,适时地考虑了运输方式的协调和衔接,是我国城市综合枢纽中最常见的一种,适用于所有城市类型
	以铁路—轨道为主	依托铁路枢纽建设发展起来,需要大运量的轨道交通作为主要疏导方式,主要适用于一般大城市、特大城市和超大城市
按交通与运输方式布设形式	立体布设枢纽	不同的交通与运输方式以多层结构形式布设,适用于交通方式复杂、用地受限的地区,此类枢纽适用于一般大城市、超大城市和特大城市
	平面布设枢纽	不同的交通与运输方式均布设在地面,此类枢纽需进行合理换乘组织,适用于所有城市类型

(续)

划分依据	类型	主要特点
按服务区域	区域级枢纽	是区域客运服务的重要结点，辐射能力强，适用于一般大城市、超大城市和特大城市
	都市级枢纽	是全市范围对外交通客流的主要出入口，适用于所有城市类型
按规划的统筹程度	一体化规划枢纽	规划设计时对不同的交通与运输方式进行了统筹考虑，综合考了各种方式的衔接协调、合理换乘、分工协作和有效互补，适用于所有城市类型
	整合规划枢纽	一种交通或运输方式的规划设计综合考虑了与其临近的其他方式，将这些方式的服务设施整合在一起，统称为综合客运枢纽，适用于所有城市类型

2. 交通枢纽的等级划分

根据城市需求、土地利用以及枢纽的功能定位，一般可以将客运交通枢纽分为三个等级：一级枢纽、二级枢纽、三级枢纽[52]。

一级枢纽主要具有城市功能，往往是城市节点型，服务全市域，提供全市域的、城市市区的直接快速联系。吸引市域交通、市区交通以及地区交通，靠近大型客流发生吸引源，并且以对外交通、换乘客流为主。它是整个线网的结构性重要枢纽，处于线网中枢地位，一般位于火车站、航空港、客运港、公路主枢纽等对外交通出入口，以及城市中心区和地区。

二级枢纽主要服务于广场和交通功能，具有一定的城市功能，提供市内直接快速交通联系，是一级枢纽的接驳枢纽，提供全市区和局部地区的交通服务，主要服务于城市地区级客流发生吸引源。它位于城区内交通重心处，起到连接卫星城、城市新开发区与中心市区的作用，汇集多种交通，将商业、交通融为一体，可以发展成为区域中心。

三级枢纽主要功能为交通功能，提供交通换乘服务，服务小范围的地区交通联系，是一级、二级枢纽的客流来源点。它主要应与集散交通方式保持良好的衔接。在城市某一区域的交通出行中占有核心地位[53]。

目前，我国交通枢纽主要是指一级综合客运枢纽，由一种以上城市对外客运方式（如铁路、公路、航空或港口运输等），与城市交通换乘接驳而形成的客运换乘枢纽，这类枢纽实现了城际客运与城市内部交通的有效换乘，主要包括以下几类。

1）铁路客运枢纽。铁路客运航空枢纽是以火车站、高铁站为核心，以为进出城市的铁路客流提供接驳换乘为主要目的，兼顾市内交通换乘，具备多种交通方式连接，包含商业开发等功能的设施和场地的统称[54]。铁路客运枢纽不仅是城市对外交通最主要的节点之一，也是城市内部重要的公共交通节点，还是周边地区各种土地利用活动的中心。

2）航空客运枢纽。机场交通组织以机场陆侧交通系统为主，包括航站区进出道路、重复循环道路、航站楼前正面道路、机场内部的工作道路等。航站区的进出道路，包括进出机场道路到航站楼、航空货运区、停车场等设施的通道。重复循环道路是连接始发和到达旅客流至航站区进出道路的道路设施[55]。

3）汽车客运枢纽。长途汽车客运枢纽是城市对外公路客运与城市交通的衔接点，其布局与城市规模及到发客流规模有关。在大型和特大型城市，到发的公路客流一般都比较多，客运枢纽宜布置在城市外围区，一般在城市主要对外方向各布置一个。而且这些枢纽应该有足够的规模以发挥规模经济效应，并与城市轨道交通相连，这样才能快速集散客流，提高客运枢纽的运行效率，并减少长途车辆对城市交通的干扰[56]。

10.1.2 交通枢纽交通组织需求分析

1. 枢纽换乘方式构成

综合客运枢纽客流换乘模式可简化为对外交通与对外交通换乘、对外交通与市内交通换乘、市内交通之间换乘三种。航空、船舶、火车、高铁、长途汽车为对外交通方式，轨道交通、常规公交、出租车、小汽车、自行车、团体车等为市内交通方式[57]。

2. 枢纽客运需求分析

为了细化综合交通枢纽客运需求，明确所提出的客运交通组织对象，首先需要对综合交通枢纽的客流组成部分进行分析。按照不同的划分方法，可以将枢纽的客流划分为不同的组成部分，如图10-1所示。

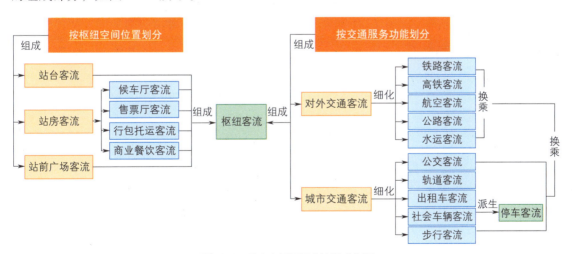

图10-1 综合交通枢纽客流组成分析

结合综合交通枢纽客运需求的结构分析，综合交通枢纽客运需求可分为对外客运需求、换乘需求以及停车需求三部分，如图10-2所示。

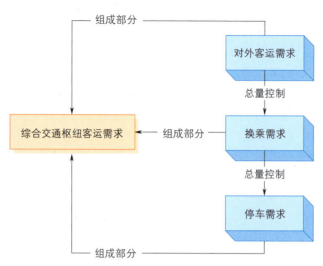

图10-2 综合交通枢纽客运需求框架结构

城市综合交通枢纽作为城市一个大规模的客流聚集、转乘、疏散地，承担了各种城市对外运输与城市对内交通方式的客流量截流、分流的功能。因此，以对外客运需求为例，除具有派生性、广泛性、复杂性、阶段性等一般性特征以外，还具有以下特性。

1）集聚性：综合交通枢纽对外客运需求是人们社会经济活动中的一种派生性需求，而社会经济活动在本质上具有集聚特征。例如沿海地区的客运需求要大于内地地区，国家政治、经济中心城市的客运需求要大于其他城市，各省省会城市客运需求要大于非省会城市，这使得不同地区的交通枢纽客运需求具有明显的集聚性。

2）不均匀性：旅客出行活动依赖于各种要素禀赋，由于要素禀赋在时间上的不均质分布，引起旅客出行活动在不同时间节点上产生的聚集需求量有很大差异。一般说来，一年中夏季的客运量要高于冬季的客运量，一天中早晚的客运量要高于其他平常时段的客运量。对于枢纽的规划设计来说，相关设施规模通常要由一段时间内的单位时间最高聚集人数来确定。

3）动态性：每个综合交通枢纽客运需求的对外客运总量规模和换乘结构并不是一成不变的，而是一个动态发展过程。受不同城市经济发展速度以及不同方向联系强度的影响，随着时间的推移，旅客的自身出行属性也在不断发生着变化，对出行方式的选择也随之变化，致使城市对外客运结构以及与换乘结构，均随时间发生着动态变化。经济发展速度较快的地区，旅客对高速度、舒适性好的出行方式越来越青睐，由此引发高铁、航空等枢纽客运需求快速增长。

4）网络性：综合交通枢纽作为综合交通运输网络上的节点，使得客运需求在综合交通运输网络层面上形成客运需求的节点体系。由于地区间经济、文化活动的关联性，综合交通枢纽客运需求之间并不是相互孤立的,而是相互联系、相互影响、共同发展的。

3. 高峰期间、节假日交通运行变化

随着我国综合国力的增强和人民生活水平的提高,人们在出行的频率和出行质量上都有了巨大的变化,加之我国特有的社会文化、生产生活等多方面因素,使得我国运输业,尤其是铁路客运在运输特征上呈现出明显的季节性规律特征。例如:元旦、清明节、劳动节、端午节、中秋节、国庆节等节假日期间产生的大量旅客出行现象,其产生的动机与日常客流非常不同,主要原因包括以下几点。

(1) 地域性

由于我国整体经济发展水平不同,东部、中部和西部都存在较大的差异,因而导致了不同地域人们消费水平的巨大差异。除经济原因外,各地域的人口密度、文化环境、所受教育程度等问题,也导致了这种差异性的真实存在。

(2) 时间性

客流的高峰,在时间上可分为节前、节中和节后。节前客流开始呈现上升趋势,慢慢形成出行高峰;节中客流相对较小,并保持稳定;节后出现回流高峰,并随后出现下降趋势,从中可以探寻出节假日客流的规律性。例如:在春节前后,都是产生客流高峰期的主要时段。此外,我国是一个多民族共存的社会主义大家庭,各个民族的风俗习惯都会使特定人群在不同的时间段上产生客流高峰的情况,我们以此可以预测客流高峰期。

(3) 方向性

节假日期间,旅客客流量都具有单一方向性这一显著特征。两个城市之间,旅客的流入量和流出量都是相对均匀的。例如:在国庆旅游黄金周期间,节日的前三天,客流以从大、中城市向旅游景点方向为主;后三天,回流客流则以从旅游景点返回大、中城市方向为主。而在一些小长假,节前,旅客流量以从区域的中心城市向其周边的中小城市为主,节后,回流客流则以从周边中小城市返回中心城市为主。

综上所述,节假日期间,客流在一定时期内的增加是单向的,两个城市间客流的流入和流出具有单向性,但是整个期间,每个城市的流入量和流出量都是基本一致的。由于旅游资源、教育资源、人力资源等方面分布的不均衡性,人们在节假日期间需在不同资源之间往返,这都会相应产生出行需求。

10.1.3 交通枢纽主要问题

综合交通枢纽一般以铁路客运站或航空港为中心,并有公路客运、城市公交、出租等多种交通方式参与。由于各种交通方式场站建设时间不同、主体不同,且各场站在建设时

缺乏沟通，从而导致枢纽设施布局不合理，交通组织协调性差。相关问题主要体现在以下几个方面。

1. 停车泊位不足

由于设计者最初对城市交通发展的预测过于保守，导致客运枢纽内停车泊位的容量不够。停车场地不足带来的最直接问题就是枢纽周边道路停车场化，引发交通状况进一步恶化[58]。

2. 公交站点设置混乱及用地分配不合理

由于缺乏合理规划，公交站点用地相当混乱，突出表现在陌生乘客寻找站点困难，客运枢纽中配置的公交线路衔接缺乏合理规划。

3. 出租车管理混乱

大型城市客运枢纽，尤其是像火车站站前广场一类的枢纽，出租车是交通混乱的主要因素之一。出租车在大部分城市的客运枢纽均受到严格管理，许多相关管理条例初衷是为了避免出租车加剧客运枢纽区域的交通混乱，但其最终结果却是出租车为了营业利润而甘冒违章风险，不仅增加了管理难度，而且进一步混乱了客运枢纽区域的交通。

4. 行人组织混乱

火车站这样一类的交通客运枢纽一般都面积庞大，如果广场的视野不好，又缺乏有效的指示标志标牌，将导致陌生的乘客在站前停留延误的时间增加，甚至有部分乘客会迷路。

5. 非机动交通组织混乱

在枢纽规划建设和管理中，主要考虑机动车流和人流的交通组织，非机动车组织未能引起足够重视，绝大部分客运枢纽站均没有设置自行车停车场，自行车基本上停放在人行道上，挤压人行空间，既影响市容也为行人带来安全隐患。

6. 交通方式衔接不紧密，换乘麻烦

现有的大多数交通枢纽中各交通方式场站呈拼盘式布局，场站之间相距几十米到几百米不等，且旅客换乘大多利用公共空间，未设置专用换乘通道，导致人流、车流组织混乱，换乘不便。

10.2 改善措施

10.2.1 交通出行需求层次

交通客运枢纽交通组织决定了枢纽使用的功能水平，同时也是决定其建筑方案最主要

的因素之一。客运枢纽交通组织要满足不同目的、不同性质、不同方向的车流、客流需求，使枢纽效率充分发挥起来。根据需求层次可以分为以下几种。

1）换乘。对于来自不同方向、路线、不同交通方式的乘客，需要转乘其他交通方式而发生的行为称为换乘。因为这些乘客属于中转客流，需要经过换乘才能到达最终目的地。

2）引导。对外来客车引导、截流、集中管理，尽量不进市区，引导市内公交车辆与其接驳换乘，向多层次、一体化发展。这对充分发挥各种交通方式的优点，改善城市客运结构有导向功能。依托枢纽的作用，可实现各交通方式在城市客运交通中的合理分工，有目的地引导个体交通向公共交通的转移。

3）停车。对于来自不同方向、路线、不同的车辆，提供固定的停车位置和上下客位置，并以不同性质的车辆分区停放，配置合理的道路和场地。

4）集散。对于到达或出发的乘客和车辆，实现聚集会合和疏散分流，提供客流和车流组织的相关措施，保证畅通、安全。

解决交通枢纽现在现有交通组织问题，应该从以下几个方面入手。

1）分块循环，快进快出。为保证外部交通流的快速集散和干扰最少，应尽量将各种车流分块循环，实现车流的快进快出。

2）高进低出，到发分离。结合目前综合交通枢纽向大型化、综合化、立体化和功能多元化发展的趋势，交通组织也逐渐由平面化转向立体化，根据目前国内在建和规划的综合交通枢纽来看，一般按照高进低出的原则组织交通。同时为避免车流、人流的混乱，实行到发分离。

3）人车分流，避免交织。综合交通枢纽交通组织的最终目标是实现行人流的快速集散，但基于安全的前提，为保障安全，应尽量减少冲突点，相应的也就要求实行人车分流[59]。

4）公交优先，以人为本。换乘公共交通的客流是枢纽内客流的主要组成部分，占总量的一半以上。因此，公交优先便于客流的快速集散并减少旅客枢纽内的滞留时间，充分体现以人为本。

5）交通连续，衔接顺畅。交通连续是交通高效运行的有效保障，因此，在枢纽交通组织中，应确保人流、车流的连续性，同时合理布置人、车结合点，使得衔接顺畅。

10.2.2　交通组织优化原则

综合交通枢纽交通组织设计就是在有限的时空范围内，通过科学合理地分时、分路、分车种、分流向对人流和车流进行组织安排，在时间上削峰填谷，空间上控密补疏，充分体现矛盾分散时空均分的原则，从而达到使枢纽内外交通始终处于有序、高效运行状态的目标[60]。交通组织优化按照满足需求的不同可分为四个层次，分别是安全、畅通、有序、高效。

1）安全。要求尽量减少冲突点，交通冲突可分为合流、分流和交叉冲突三种，并以交叉冲突最不安全，应尽量避免，因此单向循环就是换乘枢纽交通组织的常用措施之一。

2）畅通。交通流具有阻力特性，不同运动速度的物体，同处于一个空间内运动时由于运动速度各不相同，就会产生相互影响，表现为流体阻力，阻力越大流速越慢。而在车辆运动过程中，层流比紊流有利于提高车速和增加通行能力，因此应在交通组织时区分车流种类，将公交与小汽车分开，设置公交优先道，一方面便于公交优先，另一方面有利于提高整体的通行能力。

3）有序。分车种、分流向有利于车流的有序运行，因此交通组织中不同车流的分离和同类车流的到发分离是交通组织的基本思路之一。

4）高效。这是交通组织的最高要求，是在以上要求的基础上，进一步优化系统，做到衔接紧密，调度有效。

10.2.3 客运枢纽交通组织优化设计

客运枢纽是集多种交通方式为一体的综合性换乘场所，其主要组织对象为车流和客流，因此，在研究客运枢纽交通组织时，一般将其主要内容分为机动车交通组织和非机动车交通组织两类。

1. 机动车交通组织

客运枢纽机动车交通组织包括静态交通组织和动态交通组织两方面。

静态交通组织：客运枢纽内需要进行交通组织的机动车辆是指轨道交通、公交车、出租车、长途车、社会车辆等，针对不同的机动车辆，其交通组织的内容也不甚相同。各种机动车在客运枢纽中都有其相应的位置布局，规划各种车辆的停靠位置和场所，是枢纽客运站静态交通组织的主要研究内容，停车场的设置是否合理，直接影响着枢纽交通组织的有效性，同时也关系到枢纽周围的交通秩序。

动态交通组织：在客运枢纽运行过程中，由于旅客、行包、交通车等进出活动，形成一定的流动过程和流动的线路，通常称为流线，流线设计的好坏，不但影响客运设施的作业能力和效率,同时也关系到对旅客服务质量的优劣以及客运人员工作是否方便等问题。车辆流线组织是车辆动态交通组织设计的主要内容,要求合理组织各种车辆进入客运枢纽的路线,保证进站容易、出站方便。应尽量使每辆车的行驶路线都实现:"进站—下客—停放—上客—出站",互不干扰、各行其道,并保证其他辅助交通方式的行驶路线也互不干扰。另外,为保证各交通方式之间的协调组织,还需要加强各交通方式的管理和运营调度,保证枢纽在高峰时刻能够及时集散各种客流。对于客运枢纽周边的信号控制需要综合路网的承载能力,在高峰与非高峰时期指定合适的控制方案,当已经造成严重的交通拥堵时,可以考虑小周期放行,加快相位轮转,采用搭接相位等措施。同时,应设置明显的交通诱导标志,必要时可采取彩色铺装地面等较为明显的方法,提示机动车按规定的分类流线行驶。

　　静态与动态交通组织需要相互配合,枢纽内部与外部的各类停车设施应与动态的车辆流线相互畅通,必须基于安全、便捷、高效等考虑综合设计。图10-3和图10-4所示分别为地上和地下交通组织示例。

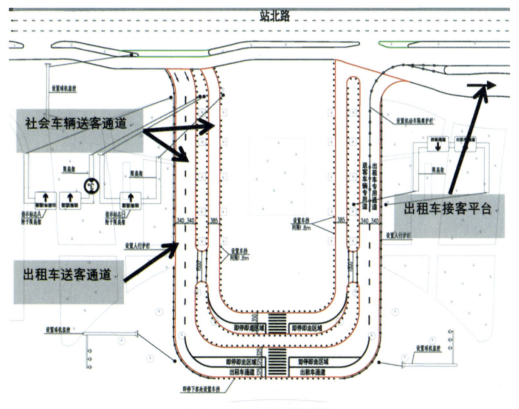

图10-3　地上动态交通组织示例

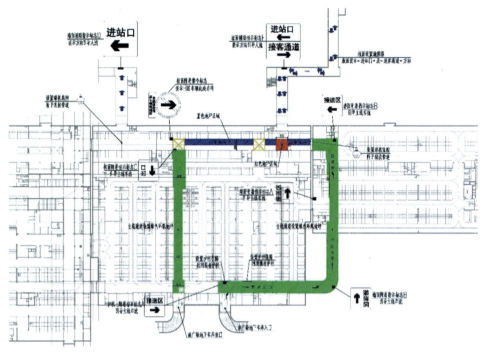

图10-4 地下交通组织示例

2. 非机动车交通组织

在考虑枢纽的交通组织时，不能只局限于对车辆交通的研究，还需要分析各种交通方式换乘客流的流向和流量，使乘客以便捷的路径到达目的地或进行换乘。此时，应注意各交通方式的换乘客流应避免相互交叉干扰，但应做到分区清晰，连通便利，使乘客在客运枢纽不至于迷失方向。

人行空间：进出枢纽的乘客应该有明确的通行空间，由人行道砖铺砌的地面应该连续，跨越道路时应设有人行横道。乘客流线应尽量直接简单，减小行人的步行距离，不希望乘客通行的地区，可采用绿地阻隔，不建议采用栅栏，除非在一些比较危险的地带，如地下通道入口附近。因为采用栅栏不仅降低了枢纽的整体性，还给乘客心理上带来压力，有损枢纽的整体景观效果。

完善诱导系统：枢纽应设置齐全的标志牌，引导乘客通向指定的目的地。设有地下通道的客运枢纽，通道最好直接通入，在地下通道两侧开辟地下商业街的做法应慎重采用，因为这将导致地下通道复杂化，达不到安全快速疏导过街乘客的目的。

无障碍人行系统：依据2001年8月施行的《城市道路和建筑物无障碍设计规范》，新建的或者改造的客运枢纽应该设置齐全的无障碍人行通道，体现以人为本的枢纽交通。

10.2.4 节假日期间的临时性交通管控

1. 拥堵点流线优化

综合客运枢纽内部存在各种组织流线，其中包括客流、物流和车流。为确保旅客在枢纽内部快速、顺畅地集散，对各种流线组织进行优化，减少和避免各种流线互相之间的交叉干扰，并且避免旅客在枢纽内部迂回和缩短旅客的绕行距离，是流线组织的原则。拥堵点是综合客运枢纽内部拥堵的主要分布点，对该点的客流快速集散，可以有效缓解枢纽内部拥堵程度，并提高枢纽的运行效率，满足旅客的出行需求。一般应通过物理分割、功能布局优化、源头控制等方法进行拥堵点流线优化。

2. 优化售票组织

若想优化高峰期综合客运枢纽内部客流组织，首先要优化售票组织。第一，以能定运，即根据高峰期枢纽的运能，均衡售票，而不是尽快把所有的票都售完，更不能只顾一小部分人的利益，超运能售票。第二，现在代售点越来越多，应充分发挥它们的作用，通过让代售点延长售票时间，来减少去枢纽内购票的旅客，降低枢纽内部的旅客人数，降低其拥堵程度。因为枢纽内的运能不能存储，所以只能采用科学合理的措施，减少高峰期枢纽内部的旅客数并充分发挥其运能的作用。在高峰期，尤其是春运期间，应做好学生和民工的售票工作，可以采取送票上门的方式，以此减少到枢纽内购票的旅客数，还可以引导他们去较近的代售点购票，来减轻枢纽的售票压力。

3. 科学安排运力

停短开长。客流调查部门对高峰期客流进行分析，找出其在流向、客流量和客流的构成等方面的特征，根据研究的客流特征，可以通过停短开长，加开临客等措施，来满足高峰期客流的运输需求。并且相关部门要对停运的短途列车票的预售期进行严格控制，以免无法停运短途列车，打乱枢纽的运输计划。

合理的协调综合客运枢纽和其区间的运能。当综合客运枢纽的运能不能满足旅客需求时，可采用临时列车编组站来补充，在对列车换挂和对列车进行检查时可以在编组站的指定场所作业，以此解决综合客运枢纽咽喉能力不足的缺陷，提高综合客运枢纽的到发线能力。

做好预案以防出现应急情况。分析高峰期枢纽内部客流可能会出现的各种突发情况，然后制定相应的预案，以此保证旅客在综合客运枢纽内可以安全地集散和换乘。

4. 应急情况客流组织

由于综合客运枢纽内的客流量具有不均衡性，即在不同的时间内，客流量的差距很大，容易导致枢纽内滞留大量的旅客，客流在枢纽内的拥堵易引发各种事故，故可以采取以下措施进行预防。

在客流量迅猛增加时，应打开所有的紧急设备，同时增开列车，以此来减少站台上的旅客数量。在日常旅客数量不大时，可以将紧急设备关闭，而在客流量突发时，可以将所有的紧急设备打开，如自动扶梯、临时出口和屏蔽门等，来满足旅客的快速、通畅的集散。

由于高峰期大量的旅客聚集在综合客运枢纽内部，此时需要增加适量的工作人员来维持秩序，尤其是在旅客的拥堵分布点处。当旅客处于拥堵状态时，危险信息传播不畅，后面的旅客会继续压迫前面的旅客，致使旅客意识不到危险的逼近，容易引起事故的发生。应在易引发事故的区域增加工作人员维护秩序，在客流的后面或者侧面疏导客流。

在客流高峰期应对客流组织进行整体控制，即对客流进行初步组织后，还要对其进行整体的控制，以保障旅客在枢纽内快速、顺畅地集散。客流整体控制是指对综合客运枢纽内的各个要素进行整体的审视，并分析出它们之间存在的联系，制定合理的方案，使枢纽的整体结构和各个设施设备达到最合理的匹配，这是一种系统化的方法，也是一种结构主义方法。简单地说，就是基于综合客运枢纽的动静态环境，对枢纽内部的设施设备配置、各种流线组织以及空间结构进行整体的配置。

对加开临客方案进行优化。由于枢纽内部的设施设备都是由日均旅客发送量确定的，所以在客流高峰期，列车数量相对旅客数量来说急缺，此时制定科学、合理的加开临客方案至关重要。加开临客方案不仅要对开行方向、开行数量、开行区段以及开行时间进行细致的研究，制定不同的开行方案，还需要在开行前对各个方案进行比选，以期选出最好的开行方案。由于运能的有限性，在开行方向上应注重多数客流的方向。

第 11 章 老城区交通组织

Chapter Eleven

11.1 交通运行特点

11.1.1 老城区定义

每个城市都是通过漫长的发展进程不断更新改造逐渐形成的，归纳各类与老城区特点相关的文献资料和书籍，可以从时间和现状两方面来描述老城区概念。从时间上，老城区一般是指一个城市中发展很早、历史悠久的区域。从现状角度，主要是相对于新城区特征而言的。李德华[61]指出新城区是通过合理规划以及科学开发的城市型居住空间。阳建强[62]等人将新城区定义为具有交通便利、设施齐全、环境优美等特点，且能够分担城市的居住、产业、行政等功能，具有相对独立性的城市社区，反之则为老城区。

综上所述，老城区可以定义为：位于 20 世纪 80—90 年代之前修建的城市建成区，由于当时规划设计能力落后于目前社会发展水平，表现出建筑陈旧、交通基础设施不齐全，环境质量不佳等特征，且外形与内部功能有待更新与改造的城市区域[63]。

11.1.2 老城区交通主要特征

老城区一般是城市交通矛盾的突出区域，不同城市、不同地区的老城区交通问题一般表现不同。本文结合相关案例，通过追溯交通问题根源，可按照发生原因将老城区的一般特征总结为以下四点。

1. 交通需求量大，支路网系统性较差

老城区大多处于城市的中心区，城市人口、社会经济活动比较集中，而且土地开发程度较高，在这样功能高度集中的模式下，交通的聚集效应在老城区非常突出。除此之外，老城区的空间布局与现代化城市的功能要求不相适应，区域内部道路大多比较狭窄，不能满足如今以机动车为主的现代交通模式，这就导致老城区的高交通需求与城市交通发展之间存在着显著矛盾。

此外，老城区的支路网纵横交错，道路交通环境较为复杂，虽然道路网密度高于平均标准，但由于缺乏交通功能较好的支路，整体来看系统性较差，这也是老城区的交通组织比较困难，以及现状交通拥堵问题非常突出的根本原因。

2. 道路红线宽度较窄，道路拓宽空间受到限制

一方面，老城区在发展过程中由于早期规划不完善以及历史遗留的缘故，城市道路的红线宽度往往较小，而且没有考虑建筑退让红线距离。另一方面，老城区道路两侧建筑物密度较大，且建设时位置紧挨人行道，受道路两侧建筑的限制，在交通需求不断增长的现状下，老城区的道路无法进行拓宽，通行能力受到极大限制。与此同时也导致行人没有安全的步行、休闲空间。

3. 动静态交通压力较大

老城区的建筑格局基本是在20世纪80—90年代形成的，当时机动车出行需求较少，配套的停车设施也较少。但随着城市社会经济的发展和小汽车进入家庭步伐的加快，老城区的停车配建问题开始暴露，囿于城市建设用地的限制，无论是社会停车场的建设还是原有格局的改造难度都相当大。

4. 城市道路交通秩序、环境急需改善

老城区的道路系统在建设时是根据当时人们主要的出行方式：自行车和步行设计的。在现阶段，慢行交通仍是老城区居民的主要出行方式，尤其是在一些尺度较小的区域，自行车和步行的出行比例甚至会达到70%以上。

然而，在老城区道路空间窄，发展受限的情况下，高比例的慢行交通和机动车混行严重。再加上交通管理手段跟不上道路建设，老城区路面标志、标线不清楚，道路路面质量差，摊点随意摆放占用车道，停车设施建设滞后成为常态。这样一来，常常出现非机动车在机动车道和人行道上行驶，机动车占据慢行交通空间停车的情况，在老城区狭小空间内动静交通、快慢交通交织和重叠，致使城市交通秩序混乱，人、车通行环境不佳成为常态。

11.2 改善措施

11.2.1 老城区交通改善主要原则

当前我国大多城市呈现"从老城区向其他城区延伸"的城市发展模式，老城区往往是人口聚集但交通基础设施薄弱的地区。同时，老城又面临着历史文化街区与现代城市生活矛盾突出问题。因此，提升老城交通活力并更好地融入现代城市生活成为老城区交通更新

目标。针对老城区的交通特殊性，研究者提出以下四点老城区交通改善原则[64]。

1. **优先保障慢行交通，提升慢行可达性**

街道改造时优先保障慢行空间，利用加宽步行道宽度、设置连续非机动车专用车道、交叉口对角行人过街等手段，提升慢行可达性。

2. **深挖路外停车潜力，严控路内不规范停车**

结合周边地块改建，在有限的空间内规划建设立体停车，深挖停车潜力。坚持以"配建停车为主，公共停车为辅，严控路内停车"思路，以价格杠杆和停车执法严控不规范停车行为。

3. **保障公交服务水平，完善地铁接驳**

利用公交车专用车道、公交信号优先等手段，保障公交可靠性；推行个性化定制公交、老城片区微循环公交，优化公交服务体系；优化步行设施、自行车停车设施，完善地铁接驳。

4. **巧用街巷提升路网密度，优化交通组织**

老城区往往存在较好的街巷体系，可根据实际情况，将街巷纳入城市道路体系，提升老城区路网密度。可以根据道路条件，合理设置单向交通，优化车行交通组织。

11.2.2 老城区交通改善措施

1. **分流保护**

构建分流保护环路，减轻老城区过境压力；打通街巷支路，形成核心区道路微循环。

提升老城区外围街道的通过性，分流老城中长距离过境车流，减轻老城区过境压力。坚持"小街坊、密路网"基本原则，鼓励打开封闭社区，打通断头路，整合零散街巷，增加连通性和路网密度。

2. **精细化街道分类**

综合考虑沿街活动、街道空间景观特征和交通功能等因素，可以将老城街道划分为交通类街道、综合类街道、商业类街道、生活服务类街道和特色类街道，如表11-1所示。

3. **划定慢性核心区，以人为本，提升慢行环境品质**

结合老城区功能定位，划定为慢行优先区，区内居民拥有慢行交通优先权，并注重提升公共空间环境品质，为居民提供高品质的慢行空间。在各主要开放空间、广场等区域，设置休息座椅；机动车交叉口实行交通宁静化设计。

表 11-1 精细化街道分类

街道类型	功能定位
交通类街道	以非开放式界面为主,交通性功能较强的街道
综合类街道	街道功能与界面类型混杂程度较高,或兼有两种以上类型特征的街道
商业类街道	街道沿线以零售、餐饮等商业为主,具有一定服务能级或业态特色的街道
生活服务类街道	非交通主导的通过性街道,具备有一定交通联系的功能
特色类街道	以步行为主,营造怡人的慢行空间

4. "公交+步行"主导的绿色、低碳交通模式

根据不同距离出行需求进行精细化公交走廊分类,满足差异化公共交通需求。BRT 公交、干线公交走廊,主要满足长距离快速出行需求;支线公交走廊主要满足中短距离公交出行;区域内部设置灵活式公交,主要满足老城区内部短距离出行需求。

5. 规范停车

近期应深挖停车潜能,严控路内不规范停车,引导外围停车。

老城区停车位配建缺口较大,通过对老城区外围停车场梳理,建议通过路内违停执法和停车收费手段,引导外围停车。

城市道路
区域交通组织
设计手册

第三部分

综合应用篇

第 12 章

学校交通组织优化设计实例

Chapter Twelve

12.1 学校周边及内部交通流组织优化

12.1.1 南京市金地南侧小学概况

◎ 基本情况

金地南侧小学位于南京市雨花台区古雄街道，北至湖景路，南临市政绿化及新亭大街，西临市政绿化及新湖大道，东临规划待建的文化设施，如图 12-1 所示。根据建设方案，该学校周边地区包含机动车泊位 99 个，非机动车泊位 352 个。

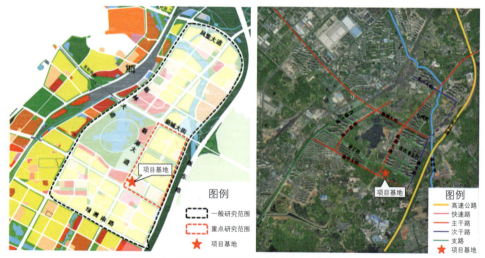

图 12-1 研究范围示意图及基地周边现状路网图

教学服务范围为金地自在城小区，即湖景路、板东路、新湖大道和新城大街围合区域，结合实际服务范围，确定本次重点研究范围为新城大街、新湖大道、新亭大街和板东路围合区域。

中心城区居民出行存在明显的早晚高峰，早高峰为 7:00—9:00，晚高峰为 17:00—19:00。本次选取晚高峰时段晚高峰 17:30—18:30 作为调查时间段，对基地周边的路段进行了调查。在重点研究范围内,现状基地周边道路晚高峰时段道路服务水平均在 B 级及以上,服务水平良好。

根据基地周边交叉口控制方式以及交通量情况,本次重点评估新湖大道与湖景路交叉口、新湖大道与新城大街交叉口。两交叉口晚高峰各方向进口道服务水平均良好,其渠化情况及交通需求如图 12-2、图 12-3 所示。

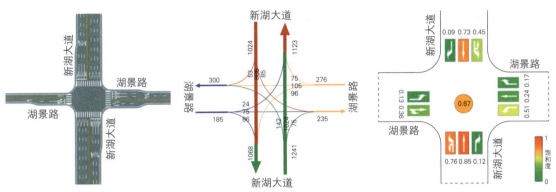

图 12-2 新湖大道与湖景路交叉口渠化情况、晚高峰流量流向图及晚高峰运行饱和度图

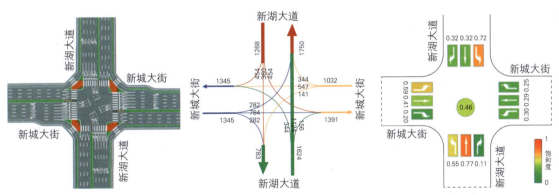

图 12-3 新湖大道与新城大街交叉口渠化情况、晚高峰流量流向图及晚高峰运行饱和度图

根据现状调查,学区 500m 研究范围内共有 2 处公交站点,7 条公交线路。各公交站点具体线路情况见表 12-1。

表 12-1 现状周边公交站点及线路一览表

所在道路	公交站点	公交线路	线路数量	站点形式
新亭大街	新亭大街、新湖大道	182 路、182 路高峰区间、183 路	3	直线式
新湖大道	金地体育公园东	182 路、183 路、D16 路、D22 路、D9 路、Y35 路夜	6	直线式

基地周边现状道路除新亭大街为人非混行外,其他道路均具备独立的人行道设施,人行道宽度 3~5m,部分道路附有绿化设施;所有道路交叉口处均设有人行过街横道。综上,

慢行设施良好。

基地周边道路除新城大街、新湖大道和板东路为机非隔离，新亭大街为人非混行外，其他道路均为机非混行形式。

学区周边现状有 2 处社会公共停车场，均位于湖景路上，分别为湖景路停车场和金地体育公园停车场，如图 12-4 所示。大方路和莲花湖东街道路设有双侧路内停车泊位，湖景路（新湖大道—大方路段）设有单侧路内停车泊位。

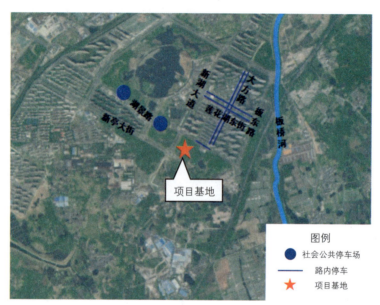

图 12-4 项目附近公共停车场

◎ **交通需求分析**

交通需求分析包括背景交通量预测和项目新增交通量预测。

1. 项目发生、吸引交通量

基地为学校建筑，根据对南京市中小学作息时间调研统计：小学上学时间为 7：00-8：00，放学时间为 17：30-18：30（双减政策施行后），本次预测评估的时间段为工作日晚高峰 17：30-18：30。

考虑到小学生年龄较小，独立上下学能力较差，预计小学家长接送学生比例为 90%。根据规划方案，项目未配设学生宿舍，小学生以走读生为主，参考南京市同类项目的人均出行率，本项目的预测小学生上下学出行率为 0.95 人次 / 人。经测算，基地建成后，项目高峰时间段交通出行总量计算为 4395 人次 /h，其中吸引 1389 人次 /h，发生 3006 人次 /h。详见表 12-2。

表 12-2　项目不同职业人员出行吸引、发生量预测

类别		规模/人	吸引率/（人次/人）	发生率/（人次/人）	吸引量/（人次/h）	发生量/（人次/h）
小学	学生	1620	0	0.95	0	1539
	家长	1458	0.95	0.95	1385	1385
	教职工	86	0.05	0.95	4	82
合计					1389	3006
					4395	

根据教职工和学生出行方式划分，预测项目高峰时段依靠小汽车出行的交通量为1267pcu/h，其中吸引交通量为578pcu/h，发生交通量为687pcu/h；依靠常规公交出行的客流量为748人次/h，其中吸引160人次/h，发生587人次/h。基地的不同交通方式在评价高峰的吸发量见表12-3。

表 12-3　高峰时段不同交通方式的吸发量

	步行/（人次/h）	非机动车/（veh/h）	公交车/（人次/h）	私家车/（pcu/h）	出租车/（pcu/h）
吸引量	452	361	160	556	22
发生量	1351	381	587	595	92

2. 交通量预测

将高峰小时吸发交通量叠加到背景交通量中后，根据周围道路的建设情况及出入口布置，学校区域直接影响道路有新湖大道、新亭大街、湖景路、大方路等道路，周边道路交通量及饱和度如图12-5所示。

图 12-5　项目叠加交通量

3. 公共交通需求预测

根据交通需求预测，该学校区域晚高峰时段的常规公共交通需求产生 587 人次 /h，吸引 160 人次 /h，共计 747 人次 /h。

12.1.2　优化设计要点及提升效果

◎ **优化设计要点**

1. 基地内部优化措施

（1）出入口组织优化

对于中小学校，校门应分两处设置。学校正门，一方面要防止早晨急于奔赴学校或下午放学时涌出学校学生与过路的车辆发生冲撞；另一方面要使进出校门的自行车和小型机动车便于为步行出入的师生让路。

另外，校门口人流、车流交叉对学生安全造成严重的威胁，校门前退让出一定的缓冲距离是重要的安全措施。据调查，校园主要出入口明显干扰城市交通。在城市里，干扰主要集中在三个时段。

1）早晨进校时，在校门前，近半数步行的和骑自行车的学生急于横穿道路进校；部分送学生上学的小汽车也同时停车，校门前的道路每天早晨堵塞近半小时。

2）下午放学前，接孩子的家长围着校门，家长的自驾车堵塞校门前的机动车道，堵塞的时间长于早晨。

3）召开家长会的时候，家长驾车前来的数量远多于平时接送学生的汽车数量。学校没有客用停车场，堵车的时间较长。

因此，为了保障师生交通安全出行，以及减少学校出入口对道路交通的影响，提出以下交通改善措施。

设置护栏将临时机动车停车场通道与人行通道隔离开，保障行人进出学校安全；将湖景路机动车开口调整为入口，新亭大街机动车开口调整为出口，如图 12-6 所示。

（2）内部交通组织与停车设施优化

地下车库机动车停车位与家长等候区域之间车道交通组织形式为单向，增设人行专用通道、减速带和人行过街横道，保障人行安全。同时明确出租车、校车等特殊车辆停车位置和流线，如图 12-7 所示。

2. 外部交通优化措施

（1）外部交通组织优化

项目机动车车流交通组织如图 12-8 所示。

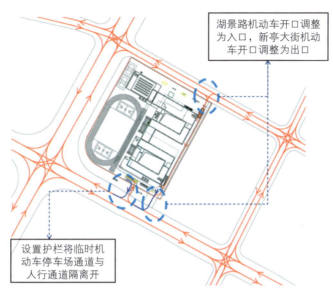

图 12-6　出入口改善图

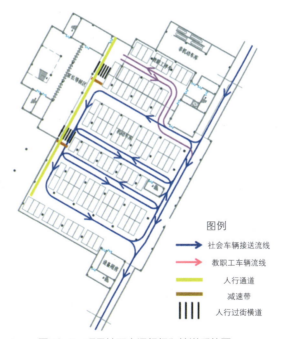

图 12-7　项目地下交通组织和接送系统图

（2）道路交通改善

1）根据片区控制性详细规划方案，周边新亭大街、板东路、大方路应打通衔接，届时满足学校及学校周边地块交通循环，因此，需加快推进周边新亭大街、板东路、大方路等规划道路的建设，促进片区交通微循环。

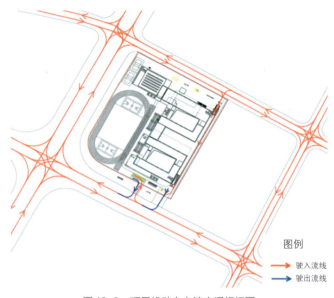

图 12-8　项目机动车车流交通组织图

2）将湖景路现状双向两车道优化为双向三车道断面形式，基地入口以西段由西向东为 2 车道，基地入口以东段由东向西为 2 车道，如图 12-9 所示，以缓解交通拥堵。

3）湖景路上机动车入口为全方向交通组织方式，增设信号灯控制和人行过街设施，保障车辆行驶安全。

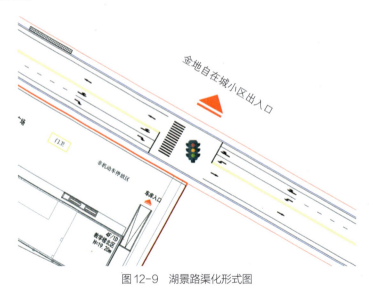

图 12-9　湖景路渠化形式图

（3）公共交通改善

1）学校北侧湖景路上新增公交站点，便于学生、家长和教职工乘车，保障学生乘车安全。

2）结合地铁站出入口位置在城市绿地内增设两处非机动车公共停车场，如图 12-10

所示，每个停车场规模为 30 个非机动车停车泊位，缓解家长接送孩子时非机动车停车困难。

3）基地西南侧新湖大道与新亭大街交叉口规划有轨道 9 号线和 16 号线换乘站，轨道出行较为便利，加快轨道 9 号线和 16 号线建设工作，方便基地及周边地块的交通出行，同时一定程度上减少机动车出行比例，缓解道路交通拥堵。

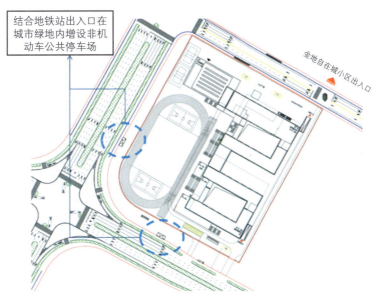

图 12-10　增设非机动车公共停车场图

（4）其他改善措施

为进一步保障周边交通运行服务水平，本次还提出以下几条改善措施。

1）配置校园督导员，配合交警在学生上学和放学的时候疏导校门口交通，加强校园门口交通管理，保障学生安全，缓解校门口拥堵现象。

2）学校分时段放学，对人流、车流进行分流，减轻交通压力。

3）为保障周边路网的安全运行秩序，需完善相应的交通监控及管理设施。

◎ 提升效果

本次改善方案实施后，周边道路的交通影响处在可接受范围内，主要表现在以下几个方面。

1. 出入口改善评价

基地吸引交通量主要来自基地北侧，且机动车北门所在道路湖景路为支路，相较于主干路，车辆进入基地排队情况对支路运行影响较小，因此将湖景路上机动车开口调整为入口，新亭大街上机动车开口调整为出口后，车辆进出顺畅。

设置护栏将临时接动车停车场通道与人行通道隔离开后，能有效保障行人进出学校安全。

2. 道路交通改善评价

将周边新亭大街、板东路、大方路等规划道路打通连续后，能有效促进片区交通微循环。

将湖景路现状双向两车道优化为双向三车道断面形式后，有效降低湖景路高峰时段的饱和度，缓解交通拥堵。

湖景路上机动车入口与对面金地小区出入口形成十字交叉口，需改交叉口为全方向交通组织方式，并增设信号灯控制和人行过街设施，保障车辆行驶安全。

3. 公共交通改善评价

湖景路增设公交站点后，便于学生、家长和教职工乘车，保障学生乘车安全。

结合地铁站出入口位置，在城市绿地内增设两处公共非机动车停车场后，有效缓解家长接送孩子时非机动车停车困难。

加快轨道9号线和16号线的建设工作，方便基地以及周边地块的交通出行，同时一定程度上减少机动车出行比例，缓解道路交通拥堵。

4. 静态交通系统改善评价

地下车库机动车停车位与家长等候区域之间车道交通组织形式为单向，增设人行专用通道、减速带和人行过街横道，有效保障了行人安全。

综上所述，实施以上改善措施后，能有效改善周边交通组织，保障周边交通良好地运行。

12.2 学校周边路网混合交通组织优化

12.2.1 苏州工业园区左岸明珠小学概况

◎ 基本情况

学校位于苏州工业园区湖西地区，星汉街以东，原左岸明珠酒店地块。学校占地 $20352m^2$，容积率为1.68，建筑密度57.7%。总建筑规模为 $44530m^2$，其中，地上建筑面积 $34230m^2$，地下建筑面积 $10300m^2$。基地配建机动车泊位110个，全部为地下形式；配建非机动车停车泊位424个。学校区位图如图12-11所示。

图 12-11 项目区位图

建筑方案设计 30~40 班规模，设置两个地块出入口，其中湖左岸路上为主出入口，距离交叉口 120m；为保障步行安全，将湖左岸上的主出入口将慢行和机动车空间上完全分离，其中机动车出入口宽 6m。星汉街为次出入口，距离交叉口 65m，为机动车、非机动车的共用口，宽 10m。学校内设置 2 处机动车地下车库出入口，宽度为 7m，一处位于学校西侧，毗邻星汉街，另一处位于学校东侧，正对湖左岸路；1 处非机动车地下车库出入口，位于星汉街处的机动车地下车库出入口东侧。

本次研究重点考虑了学校的学区范围和学生生源，与星海小学的补充关系。根据初步分析，由于学校的建设将直接导致星汉街的交通压力增大，同时对周边城市其他道路，如中新大道、苏惠路等的交通产生影响，根据学校规模，确定整个影响范围为北至苏惠路，北至苏惠路，南至中新大道，东至星港街、西至星明街的区域，面积约为 1.28km^2，如图 12-12 所示。

图 12-12 项目评价范围图

东西向交通主要依靠中新大道和苏惠路，南北向交通主要依靠星港街、星海街、星汉街和星明街，研究范围内缺少支路网络。尤其是东西向苏惠路与中新大道之间700~800m没有支路分流，也造成了所有小区开口直接冲击主、次干路，降低道路通行能力。现状湖左岸路红线宽18m，其中机动车道10m，设置两侧路内停车，剩余约5.5m的机非混行车道，早、晚高峰期影响小区正常出入车辆，造成湖左岸路的高峰期拥堵，如图12-13所示。

对学校周边的四个交叉口做重点考查。四个交叉口均为信号控制交叉口，除中新大道—星港街为T形交叉口外，其余三个交叉口为十字形交叉口。它们的现状及交通需求见表12-4。学校周边主要交叉口现状饱和度以及服务水平见表12-4。

图12-13　规划范围内道路现状路网图

表12-4　研究区域主要交叉口现状高峰小时交通流特征

序号	交叉口名称	交叉口流量/（pcu/h）	饱和度	服务水平
1	中新大道—星海街	4455	0.48	B
2	中新大道—星汉街	3238	0.64	C
3	中新大道—星港街	4651	0.62	C
4	苏惠路—星汉街	1787	0.29	B

现状公交停靠站主要分布在星汉街、星海街和中新大道上，其中星汉街上的湖左岸花园站和嘉怡苑站距离基地最近，约为120m和250m。基地步行范围内（500m范围）现状公交线路4条，分别为1003路、28路、146路、178路，其中1003社区巴士主要服务周边小区与星海街地铁站，公交可达性较好。途经湖左岸花园站和嘉怡苑站的4条线路，按照30%的运力计算，可为学校提供约1000人次/h的公交运力。

◎ **交通需求分析**

1. 项目发生、吸引交通量

园区的早高峰时间一般为7：30-8：30，与学校的早高峰时段有部分重叠。晚高峰为

17:00—18:00，与学校的晚高峰时间并不重叠。综合以上因素，考虑到早高峰上学出行比较集中，晚高峰放学出行较分散，客流发生、吸引预测所取的高峰时段为工作日早高峰时段，具体时段为7:15—8:15。

根据对学生通学出行方式的预测，加上职工出行方式的预测，得到园区交通吸发量，见表12-5。

早高峰上学期间：发生客流：504人次/h，吸引客流1342人次/h，发生车流648pcu/h，吸引车流696pcu/h，公交吸发量为543人次/h。

晚高峰放学期间：发生客流1630人次/h，吸引客流648人次/h，发生车流336pcu/h，吸引车流288pcu/h，公交吸发量为348人次/h。

表12-5 湖左岸学校早晚高峰产生吸引量一览表

交通方式		步行/人次	自行车/电动自行车/辆	公共交通/人次	小汽车/pcu
上学	产生量	504	115	173	648
	吸引量	1342	148	370	696
放学	产生量	1630	158	240	336
	吸引量	648	288	108	288

2. 交通量预测

学校隶属湖西学区，为星海小学分流压力，预计主要服务星海街以东、苏绣路以南、中新大道以北、金鸡湖以西的小区。外围中新大道、星港街等干路流量增加有限，基本都符合显著性评价要求。学校周边道路规划年交通量预测见表12-6，周边道路规划年交通量预测分配如图12-14所示。

星汉街单向交通量大约由912pcu/h增长至1368pcu/h，服务水平仍为E；中新大道和星港街分别基本维持服务水平D和E的交通压力；湖左岸路约增加690pcu/h交通量，服务水平跌落至F，现有道路断面完全无法满足未来需求。

表12-6 项目周边道路规划年交通量预测一览表

道路名称	背景流量/(pcu/h)	单向流量/(pcu/h)	饱和度	服务水平
中新大道	2094	2259	0.78	D
星汉街	912	1368	0.91	E
星港街	2140	2140	0.86	E
苏惠路	1642	1713	0.71	C
星明街	2045	2045	0.85	E
星海街	1403	1519	0.63	C
湖左岸路	170	850	1.42	F

单位：pcu/h

图 12-14　项目周边道路规划年交通量预测分配图

3. 公共交通需求预测

根据前述交通需求预测，早高峰公交出行需求为 370 人次/高峰小时，晚高峰公交出行需求为 240 人次/高峰小时。

12.2.2　优化设计要点及提升效果

◎ 优化设计要点

1. 区域交通组织优化

（1）机动车交通组织优化

研究区域内，所有交叉口均实行信号灯控制。主要利用星汉街、中新大道和苏惠路进行集散，向北与现代大道进行衔接，向南与金鸡湖大道进行衔接，如图 12-15、图 12-16 所示。

图 12-15　区域机动车到达交通流线图

图 12-16　区域机动车离开交通流线图

（2）区域道路交通组织优化

未来湖左岸路高峰小时道路流量饱和度高达 1.42，对湖左岸路进行优化设计。湖左岸路现状道路红线 18m，其中机动车道 10m，现状两侧设置路内停车泊位，中间剩余 5.5m 的双向混合车道；两侧为 2m 的人行道和 2m 的绿化带。

按照湖左岸路向南拓宽宽度的不同，改造分为四个不同的方案，如表 12-7、图 12-17 所示。

表 12-7　湖左岸路优化方案比选

	方案内容	优点	缺点
方案一	3 车道	保留现状道路	取消双侧停车
方案二 -1	机动车道向南拓宽 2m 3 车道 + 单侧停车带 / 非机动车道	保留南侧绿化带 保留北侧停车或非机动车道	取消南侧人行道 取消一侧停车
方案二 -2	机动车道向南拓宽 2m 4 车道	保留南侧绿化带 增大通行能力	取消双侧停车
方案三	机动车道向南拓宽 4m 3 车道 + 双侧停车带 / 非机动车道	保留双侧停车或非机动车道	取消南侧人行道 移植南侧行道树

湖左岸路优化为三车道，其中由东向西两车道，由西向东一车道，车道宽度控制为 3~3.25m。湖左岸路高峰小时非机动车流量双向不超过 150 辆 /h，仅为机动车流量的 15% 左右，可以按照机非混行设计。此外，利用湖左岸路南侧建筑后退加上骑楼空间，布置非机动车停车泊位和集散空间，如图 12-18 所示。

（3）区域道路交叉口交通组织优化

未来星汉街—湖左岸路交叉口高峰小时饱和度达 0.86，必须对该交叉口进行设计优化。

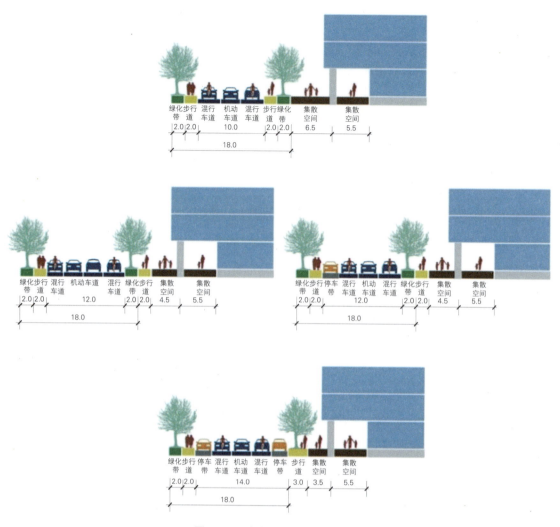

图 12-17　湖左岸路优化断面方案图

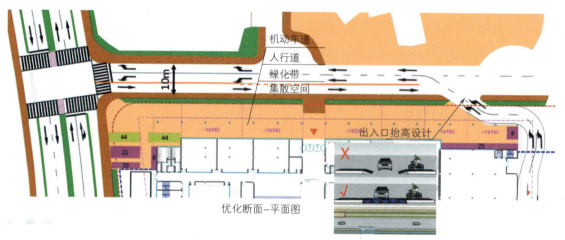

图 12-18　湖左岸路及南侧建筑后退空间设计图

机动车空间设计优化：北进口道设置两根直行车道，禁止左转；南进口道设置直行和直右车道。该优化可以防止早高峰送学车流左转或调头后沿路占道停车，方便日后学校接送车辆管理。

慢行优化：缩小缘石转弯半径，由现状10m缩小为5m，降低转弯车速，缩小过街距离，保障学生和家长的过街安全。

过街优化：增设行人二次过街驻足区，保障学生过街安全；重新设计缘石坡道，考虑交叉口东南方向与非机动车道的衔接。交叉口优化改善设计如图12-19所示。

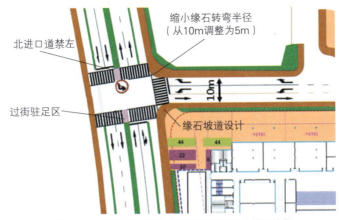

图12-19 星汉街—湖左岸路交叉口优化改善设计图

管理措施优化：星汉街—湖左岸路交叉口上下游两侧各100m禁止临时停车，在机非分隔带和人行道边缘处增设栅栏。基地的机动车出入口处都设置合理的交通标线与标志，引导车辆的安全快速出入，减少对相邻道路的交通影响。在地下停车设施出入口应设置缓冲段（不少于10m），并在此设置减速标志。行人流线与机动车流线相冲突的地点设置减速带和其他警示标识，减少对行人的干扰。管理措施设计如图12-20所示。

2. 外部交通组织方案

（1）交通组织方案一（星汉街出口方案）

地块入口设置在湖左岸路上，经由T形交叉口进入湖左岸路；出口设置在星汉街上（禁左），右转进入星汉街。

优点：

1）到达车辆流线更为简洁：星汉街南北方向上的车流都较为容易到达学校。

2）到达车辆对星汉街干扰较少：到达的车流不容易在星汉街形成排队拥堵。

3）湖左岸路双向车流更为均衡：早高峰进入学校的车辆与湖左岸小区离开车辆在湖左岸路上形成错位，利用道路资源更为有效。

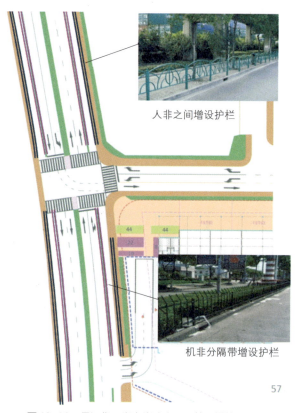

图 12-20　星汉街—湖左岸路交叉口管理措施设计图

缺点：

1）加剧交叉口南进口道交通量：离开车辆与由南向北到达车流叠加，加剧南进口道拥堵；

2）离开车辆流线较为不便：星汉街出口距离交叉口过近，无法在交叉口处调头，且对路口干扰过大，只能在星汉街—苏惠路交叉口调头或经由苏惠路组织流线。

组织方案一的具体流线图如图 12-21 所示。

（2）交通组织方案二（星汉街入口方案）

地块出口设置在湖左岸路上，经由 T 形交叉口进入星汉街；入口设置在星汉街上，北侧到达车辆从中新大道—星汉街交叉口北进口道调头进入学校。

优点：

1）接送车辆对星汉街的交通压力更为均衡：到达车辆直接从星汉街入口进入学校，减少了对交叉口南进口道的交通压力。

2）离开车辆更为方便：离开车流直接在交叉口选择左转或者右转，减少离开车辆的绕行。

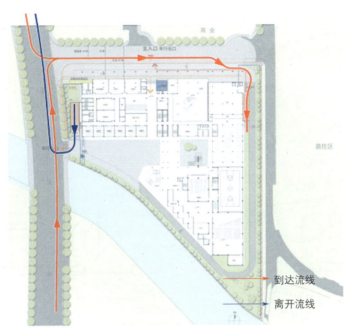

图 12-21 交通组织方案一（星汉街出口方案）流线图

缺点：

1）加剧湖左岸路的由东向西交通压力：早高峰学校离开车流与小区离开车流形成叠加。

2）到达车辆流线较为不便：星汉街由北向南的到达车流只能通过星汉街—中新大道交叉口进行调头，增加绕行。

组织方案二的具体流线图如图 12-22 所示。

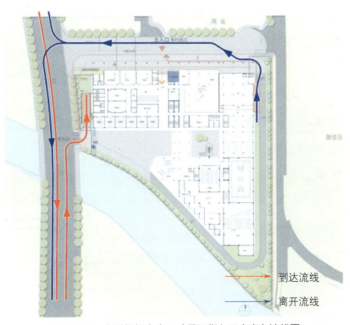

图 12-22 交通组织方案二（星汉街入口方案）流线图

3. 内部交通组织方案

（1）地下车库交通组织

地下车库内部交通采取单向组织为主的策略，仅由西侧入口进入，北侧出口离开。早高峰期间，围绕等候区设置9个临时下客泊位区，方便早晨上学家长送客车辆的快速上下，如图12-23所示。

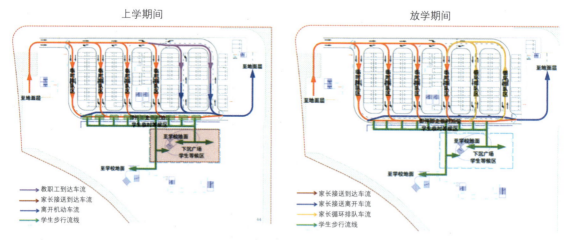

图12-23 地下车库上学期间机动车交通组织图

上学期间交通组织：

1）教职工到达车流：由星汉街入口进入，优先停放在地下车库东部泊位，减少与家长接送车流的相互影响。

2）家长送客到达车流：由星汉街入口进入，从车库西部三条车道经排队后进入即停即走泊位下客，之后由湖左岸路出口驶离车库。

放学期间交通组织：

1）教职工离开车流：经由湖左岸路出口驶离车库。

2）家长接客到达车流：由星汉街入口进入，从车库西部三条车道经排队后进入即停即走泊位接客，之后由湖左岸路出口驶离车库。

3）家长接客循环车流：即停即走泊位停车后，学生未及时上车，经过限定时间后，家长车辆必须经过车库东部的车道重新循环排队，防止车辆长时间占用即停即走泊位。

（2）学校内部消防车交通组织

消防车主要依靠沿主体建筑外围东侧和南侧形成的车行通道上行驶，通道宽4~5m，转弯半径9m，可以满足消防车通行要求。通过星汉街入口和湖左岸路出口联系外部城市道路。

◎ 提升效果

针对不同的外部交通组织方案,对星汉街—湖左岸路交叉口和星汉街—中新大道交叉口进行对比分析。

1. 外部路网交通组织优化评价

星汉街单向交通量大约由 912pcu/h 增长至 1368pcu/h,服务水平仍为 E;星港街基本维持服务水平 E 的交通压力;中新大道的饱和度进一步上升至 0.78,服务水平维持为 D;湖左岸路约增加 690pcu/h 交通量,现有道路断面完全无法满足未来需求,经优化调整后,饱和度降至 0.71。预测区域外部道路优化后交通量及饱和度,如表 12-8、图 12-24 所示。

表 12-8　预测区域外部道路优化后交通量及饱和度一览表

道路名称	背景流量/(pcu/h)	单向流量/(pcu/h)	饱和度	服务水平
中新大道	2094	2259	0.78	D
星汉街	912	1368	0.91	E
星港街	2140	2140	0.86	E
星明街	2045	2045	0.85	E
苏惠路	885	955	0.40	B
星海街	1353	1353	0.56	C
湖左岸路	170	850	0.71	D

单位:pcu/h

图 12-24　区域外部道路优化后交通量及饱和度图

评价结论:外部干路交通拥挤水平较高,但受学校影响有限,均属于"非显著";北侧支路影响程度高,经优化后也能实现交通正常运行。

2. 关键交叉口交通组织优化评价

基地周边主要交叉口的服务水平维持在 D 的范围内,交通运行未发生大规模拥堵,如

表12-9、图12-25所示。其中,星汉街—湖左岸路交叉口经改善后,服务水平维持在C;星汉街—中新大道等交叉口的服务水平也未发生较大变化。

表12-9 预测区域外部交叉口优化后交通量及饱和度一览表

交叉口名称	进口道方向	交通流量/(pcu/h)		饱和度		服务水平	
		无项目	有项目	无项目	有项目	无项目	有项目
中新大道—星汉街（含地下隧道）	南进口	381	381	0.73	0.76	D	D
	北进口	912	1270				
	东进口	2098	2361				
	西进口	1842	1972				
中新大道—星港街（含地下隧道）	南进口	1474	1474	0.76	0.82	D	D
	北进口	1119	1370				
	东进口	2144	2156				
	西进口	2094	2259				
星汉街—湖左岸路	南进口	644	644	0.60	0.75	C	C
	北进口	553	701				
	东进口	170	850				

单位:pcu/h

图12-25 预测区域外部交叉口优化后交通量及饱和度图

评价结论:外部关键交叉口交通压力大,受学校影响程度低;星汉街—湖左岸路交叉口经优化后服务水平不变,均属于"非显著"。

第 13 章

医院交通组织优化设计实例

Chapter Thirteen

13.1 医院内部道路交通流线优化

13.1.1 南京市江宁医院（鼓山路院区）概况

◎ 基本情况

现状医院有 5 个出入口，人车混行，有地下小汽车标准停车泊位 58 个。在医院西侧空地有地面临时停车场，如图 13-1 所示。

图 13-1 现状出入口情况

规划新建老年医学中心，由于新建老年医学中心位于基地原停车场区域，因此也将建设地下停车库，将车辆引入地下满足院区的停车需求，如图 13-2 所示。建成后与现状相比，医院功能从原来的综合型医院为主转型为以康复为主；医院核定床位总量增加了 240 个；机动车停车泊位增加了 446 个；减少了一处机动车出入口，增加了一处人行专用出入口。

107

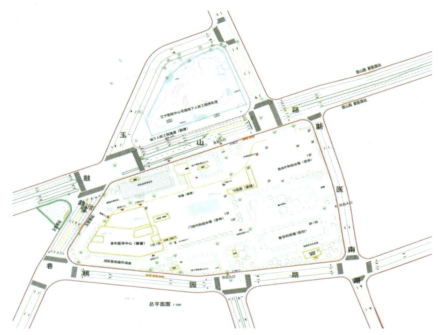

图 13-2　建设规划平面图

1. 道路现状

基地周边现状道路包括 1 条快速路、2 条主干路、6 条次干路和 11 条支路。研究范围为上元大街—小龙湾路—新亭路—天印大道。研究范围内路网基本完善。城市中心城区居民出行存在明显的早晚高峰，因此针对早晚高峰交通运行情况进行两次现场调查。早高峰时段，研究范围内现状基地周边道路服务水平均在 C 级及以上，服务水平良好，如图 13-3 所示。

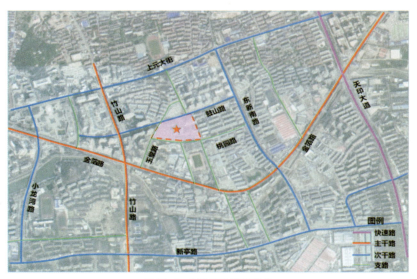

图 13-3　基地周边道路现状

2. 交叉口运行现状

基地周边除鼓山路与玉堂巷交叉口、鼓山路与新医路交叉口、新医路与玉堂巷交叉口、桃园路与玉堂巷交叉口、桃园路与桃华路交叉口和桃园路与女人街交叉口未设置信号控制外，其他交叉口均为信号控制交叉口，如图13-4所示。

鼓山路与玉堂巷交叉口东进口道为展宽3车道，由于江宁医院中心花园地下人防工程停车场建设占用2车道而仅剩1车道，因此服务水平较低。其余方向进口道服务水平良好。

图13-4　基地交叉口现状

3. 公共交通现状

基地周边500m范围内现有11处公交站点，周边1km范围内无已开通的地铁线路，如图13-5、图13-6所示。

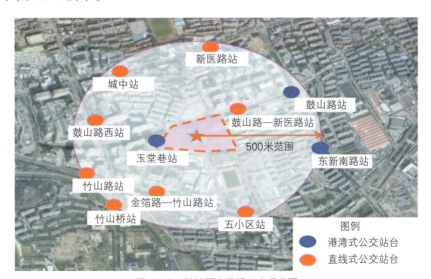

图13-5　基地周边常规公交现状图

4. 停车设施现状

医院基地周边有两处公共停车场,竹山路、新亭路、女人街等道路上设有路内停车泊位。

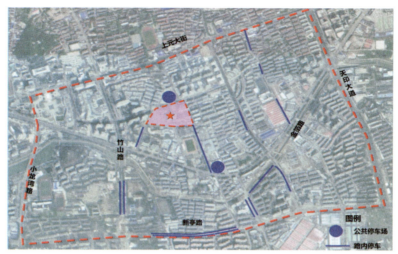

图 13-6 公交站点现状图

◎ 交通需求分析

1. 叠加交通量预测

交通需求预测年限为 2022 年和 2026 年,背景交通量自然增长结合南京市机动车增长和历年交通量增长进行预测。本次研究的背景交通量自然增长率按照 5% 对周边背景交通量进行预测,由此获得预测投入使用初年和第五年的高峰小时背景交通量。基地吸引和发生交通量均主要分布在鼓山路、桃园路、玉堂巷、竹山路和东新南路等道路上。具体结果见表 13-1、表 13-2。

表 13-1 评价年机动车高峰小时交通量预测

年份	类别	私家车/(pcu/h)	出租车/(pcu/h)	合计/(pcu/h)
投入使用初年	就诊与探视	235	88	444
	职工出行	108	13	
投入使用第五年	就诊与探视	318	85	569
	职工出行	144	22	

表 13-2 早晚高峰发生吸引交通量预测一览表

交通方式		步行/人次	自行车/电动自行车/辆	公共交通/人次	小汽车/pcu
上学	产生量	504	115	173	648
	吸引量	1342	148	370	696
放学	产生量	1630	158	240	336
	吸引量	648	288	108	288

投入使用初年和第五年，背景交通量与基地吸发交通流叠加后鼓山路、桃园路、玉堂巷服务水平为 D，饱和度较高，高峰时期产生交通压力较大，应做好交通组织与管理。其他道路服务水平为 C 级及以上，交通服务水平良好，如图 13-7、图 13-8 所示。

图 13-7　投入使用初年道路叠加交通量

图 13-8　投入使用第五年道路叠加交通量

2. 停车需求预测

（1）机动车停车设施

根据《南京市建筑物配建停车设施设置标准与准则》（2019 版）[65]，对已有建筑的改建和扩建，其改、扩建部分应按附表规定设置各类停车泊位；原建筑物配建不足、新增建筑面积超过 3000m² 且超过原建筑规模 25% 的，应同时补充配建不低于原不足差额数的 20%。

原有建筑应配建 436 个机动车泊位，原有建筑实际配建 58 个机动车泊位，按照差额

20% 计算应补充 76 个泊位。改扩建建筑机动车泊位数量为 375，因此基地建筑总共应建 509 个机动车泊位。

（2）非机动车停车设施

根据《南京市建筑物配建停车设施设置标准与准则》（2019 版），原有建筑应配建 1395 个非机动车泊位，原有建筑现状未配建非机动车泊位，按照不足数 20% 计算应至少补充 279 个泊位。改扩建建筑机动车泊位需求数为 1199，因此基地建筑总共应建 1478 个非机动车泊位。

（3）特殊车辆停车设施

根据《南京市建筑物配建停车设施设置标准与准则》（2019 版），原有建筑应配建 11 个出租车位、1 个无障碍车位。原有建筑现状未配建特殊泊位，应补充 2 个出租车位、1 个无障碍车位和 3 个充电车位。

根据依据《南京市建筑物配建停车设施放置标准与准则》（2019 版），医院改建后总计应配建 6 个出租车位、6 个无障碍车位和 48 个充电车位。

13.1.2 优化设计要点及提升效果

◎ **优化设计要点**

1. 交通组织方案

1）车行出入口设置在鼓山路和桃园路上，鼓山路为主出入口，进行右进右出交通组织，桃园路设置次出入口，桃园路与体育路增设信号灯进行信号控制，鼓山路上增加人行专用出入口，更好地优化出入口交通组织，实现人车分流，如图 13-9 所示。

2）基地建成后江宁医院将会吸引大量机动车进行停车，在基地附近鼓山路、新医路沿线设置停车诱导显示牌，引导部分车辆进入基地内停车，缓解鼓山路机动车开口处车辆排队问题，提高路段通行能力。

3）在鼓山路与新医路人行过街横道增设信号灯，并与玉堂巷—鼓山路交叉口实施信号联控，从而提升该路段道路通行能力，同时也保障了过街行人的交通安全。

4）为优化基地内部机动车交通组织，在内部 3 处车库出入口分别进行如下交通组织：全部为双向进出口，保留的现状地下车库的出入口也为双向进出口。

5）为减少内部机动车行驶冲突，现状车库仅作为内部职工的固定车位使用。

6）机动车出入口闸机位置尽量后移，尽可能地减少入口排队长度，降低出入口车辆排队对道路交通的影响。

图 13-9　基地外部交通组织优化图

2. 机动车交通组织

机动车出入口位于鼓山路（次干道）、新医南路（支路）和桃园路（支路）上，作为医院机动车出入口使用，车辆可由入口就近行驶至地下车库停放，从出口驶离，通过地下停车库进行组织，内部衔接交通组织合理。考虑鼓山路入口为城市次干道，为保障干道交通的顺畅，应保证车辆有足够的等待通道。

1）鼓山路设置进出口，新医南路设置进口，桃园路设置进出口。近期右侧绿地下地下停车场未同步建设，只能使用西侧地库，近期地块内部地库全部双向进出，如图 13-10 所示。

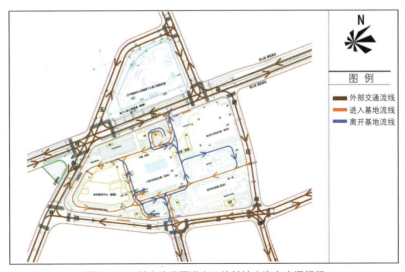

图 13-10　鼓山路设置进出口的基地小汽车交通组织

此交通组织方案优点是能够保证各个方向的来车都能就近到达医院停车区域。鼓山路入口距离地库入口有 80m 左右的车辆排队等待空间。它的缺点是排队高峰时可能对鼓山路上的机动车运行造成干扰，与鼓山路上西向东方向非机动车互相干扰。

2）鼓山路设置出口，新医南路设置进口，桃园路设置进出口，如图 13-11 所示。此交通组织方案的优点是减少高峰期鼓山路上的交通干扰，车辆从新医南路和桃园路进，新医南路上与内部道路至地库入口有 280m，具有充分的排队等待通道。它的缺点是西北侧方向来车增加了绕行空间。

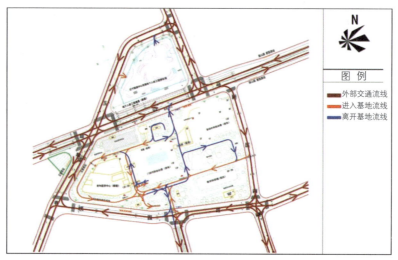

图 13-11 鼓山路设置出口的小汽车交通组织流线图

远期右侧绿地地下停车库建设后，利用西侧地下车库进出，与地下车库联通，如图 13-12 所示。

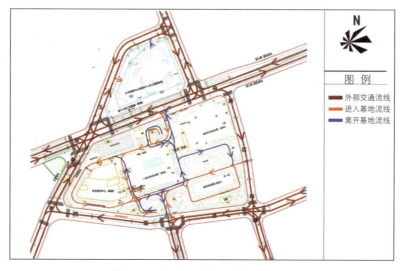

图 13-12 远期小汽车交通组织流线图

3）基地出租车交通组织如图 13-13 所示。

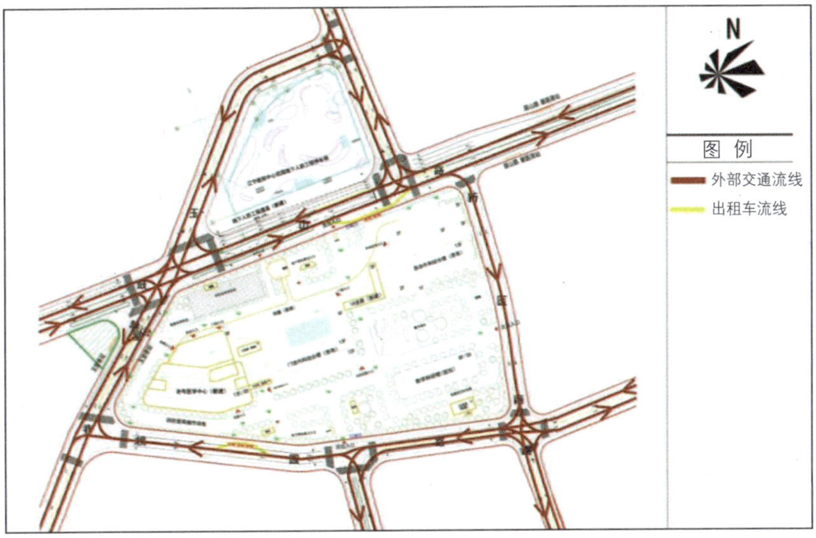

图 13-13　基地出租车交通组织

4）交通标志与信息发布。由于吸发客流和车流量较大，停车需求也较大，因此需要对停车场布局进行外部诱导，避免车辆无效绕行；并且在此基础上，可实时发布各地下停车场可用停车泊位数，可促进停车泊位错时共享，充分发挥资源的利用效率。另外，必须禁止内部支路路内停车，避免路边随意停车占用道路资源，引发交通拥堵。

3. 慢行交通组织

基地非机动车和行人交通组织采取"全面覆盖、方便可达"的原则，构造个性化、人性化的慢行环境，如图 13-14 所示。

图 13-14　基地慢行交通流组织示意图

4. 消防车交通组织

医院现有4处出入口都可用作应急消防出入，消防通道交通组织按最短路无干扰的方式进行组织，所有出入口满足消防车辆的进出需求，内部通道宽度均在4m以上，内部通道净高超过4m，且通道延伸至各个建筑物，满足消防扑救面的要求。消防通道形成环路，满足相关规定要求。具体组织方案如图13-15所示。

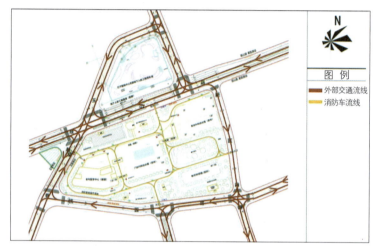

图13-15 基地消防车交通流组织示意图

5. 医疗急救及废弃物处理交通组织

东侧新医南路上设置1个物资运输出入口，为医疗急救、医疗设备运输、物资运输、垃圾处理等设置的专门出入口，如图13-16所示。

6. 基地地下车库交通组织

在地下车库大部分道路采取双向通行，局部道路单向交通组织方式，减少车辆交织。预留规划停车场接口，如图13-17所示。

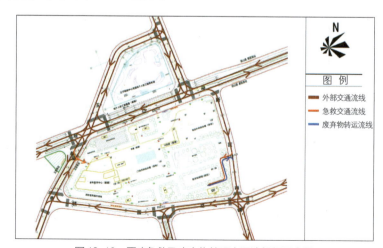

图13-16 医疗急救及废弃物处理交通流组织示意图

第 13 章 医院交通组织优化设计实例

图 13-17　基地地下机动车库交通流线

◎ 提升效果

本次改善方案实施后，周边道路的交通影响处在可接受范围内，主要表现在以下几个方面。

1. 出入口方案评价

私人机动车出入口设置在鼓山路和桃园路上，急救入口设置在玉堂巷上，并且在新医南路上增加了消防出入口和废弃物转运专用出入口。减少清运车辆对路段交通运行的影响，同时保障行人出入安全，车辆进出顺畅。

2. 道路交通改善评价

交叉口优化后，交通组织顺畅，提高运行效率。

3. 公共交通改善评价

周边公共交通基础设施良好，公共交通服务水平较高。

4. 慢行系统改善评价

通过对慢行系统的改善，为市民提供良好的出行环境，促进市民对徒步、自行车出行方式的选择，提升"公交＋慢行"服务品质。

5. 静态交通系统改善评价

江宁中心医院地下人防工程停车场在满足自身的需求的同时，合理地配置外部停车供应，保障了产生的静态交通需求对周边道路交通系统的影响处于可接受水平。建筑建成后，尽快启动规划停车场的建设。

综上所述，实施以上改善措施后，建设对周边路网及交通设施的影响处于可接受范围之内。

13.2 医院周边道路交通组织优化

13.2.1 南京市江宁中医院概况

◎ 基本情况

江宁中医院已完成一期建设，本案例研究对象为中医院二期，包括新建医技楼、新建门诊楼、新建住院楼等。占地面积21977.1m²，总建筑面积86400m²，其中计容建筑面积42000m²。

根据行业标准CJJ/T 141—2010《建设项目交通影响评价技术标准》[66]的规定，确定基地研究范围为宏运大道（快速路）—应天大街（快速路）—同夏路（规划金箔路，等级主干路）—宁杭高速（高速公路）合为而成的区域，约1.81km²，如图13-18所示。

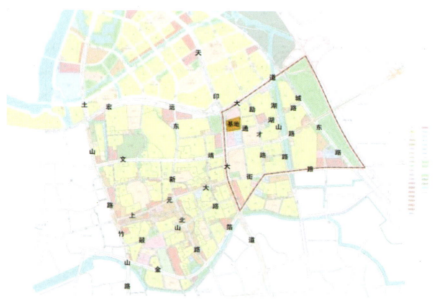

图13-18 案例研究范围示意图

1. 道路现状

区域周边的现状道路主要包括宏运大道、天印大道、湖西路、湖山路、文靖路、上元大街、同夏路（规划金箔路）、城东路、通湖路，如图13-19所示。

第13章 医院交通组织优化设计实例

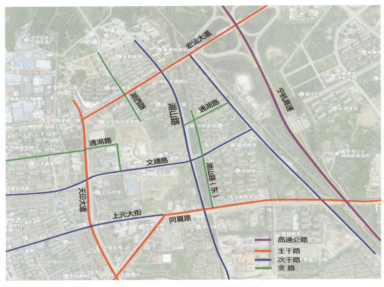

图13-19 区域周边道路现状

2. 交叉口现状

基地周边共有8个交叉口，除宁杭高速—宏运大道立交交叉口为无信号交叉口外，其余交叉口均为信号控制交叉口。针对交叉口进行设点高峰小时流量调查，所有交叉口的服务水平均在C及以上。

3. 公共交通现状

基地现状周边500m范围内共有3个公交站点，其中宏运大道1处，天印大道1处，文靖路1处。公交线路主要有815路、820路、841路、791路、818路等。

◎ 交通需求分析

1. 叠加交通量预测

根据交通量预测，2022年和2027年早高峰各方向交通出行量分别见表13-3和表13-4。

表13-3　2022年早高峰交通量分布

主要通勤方向	比例	交通量/(pcu/h)
东向（上访、麒麟）	15%	88
南向（科技园、方山）	35%	205
西向（百家湖、河定桥）	45%	264
北向（南京主城区）	5%	29
合计	100%	586

表 13-4 2027 年早高峰交通量分布

主要通勤方向	比例	交通量 /（pcu/h）
东向（上访、麒麟）	15%	104
南向（科技园、方山）	35%	242
西向（百家湖、河定桥）	45%	311
北向（南京主城区）	5%	35
合计	100%	692

根据各方向交通出行量，参考中医院一期早高峰机动车进出比例，得到基地（一期和二期）机动车进出交通总量，见表 13-5。

表 13-5 基地早高峰进出交通总量

年份	进入 /（pcu/h）	离开 /（pcu/h）	合计 /（pcu/h）
2022 年	386	200	586
2027 年	456	236	692

将预测的出租车和小汽车交通量，根据交通量吸引的方位特征分配到周边路段上，然后与背景年的路段交通量叠加，得到 2022 年和 2027 年研究区域内主要道路交通量和出入口交通流量（高峰小时流量），如图 13-20、图 13-21 所示。

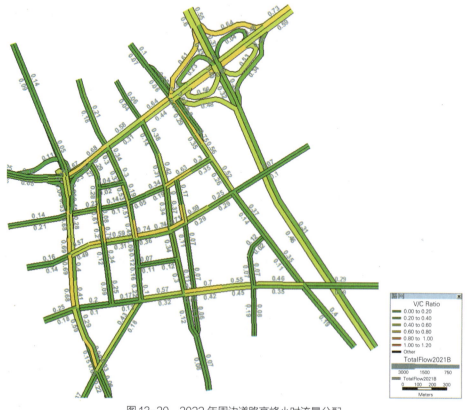

图 13-20 2022 年周边道路高峰小时流量分配

图 13-21　2027 年预测周边道路高峰小时流量分配

2. 停车需求预测

（1）机动车停车设施

基地为医疗用地，预测按照《南京市建筑物配建停车设施标准与准则》（2019 版）和实际停车位需求来预测基地停车泊位需求。

医院（一期和二期）远期（2027 年）病患全天总出行人次为 4237 人次/日，小汽车分担率为 37%，按车均载客系数为 2.1 人次/车，泊位平均周转率 3~6 车次/(12h×泊位)计算，病患共需要 187 个机动车停车泊位。

医院（一期和二期）远期（2027 年）医院职工全天总出行人次为 2961 人次/日，小汽车分担率为 38.5%，按车均载客系数为 1.2 人次/车，泊位平均周转率 1.2 车次/(12h×泊位)计算，医院职工共需 792 个机动车停车泊位。

综合病患和医院职工停车泊位需求综合，基地（一期和二期）远期共需要不少于 973 个机动车停车泊位。

（2）非机动车停车设施

医院（一期和二期）（2027 年）病患全天总出行人次为 4237 人次/日，非机动车分担率为40%，按车均载客系数为1.1人次/车，泊位平均周转率3~6车次/（12h×泊位）计算，病患共需要386个非机动车停车泊位。

医院（一期和二期）（2027年）医院职工全天总出行人次为2961人次/日，小汽车分担率为38.5%，按车均载客系数为1.0人次/车，泊位平均周转率1.2车次/（12h×泊位）计算，医院职工共需950个停车泊位。

综合病患和医院职工停车泊位需求综合，基地（一期和二期）远期（2027年）共需要不少于1336个机动车停车泊位。

综上，基地（一期和二期）需要配建非机动车停车泊位不少于1336个。

3. 公共交通需求预测

规划年近期公交高峰小时出行需求为86人次/h；远期公交高峰出行需求为134人次/h。

13.2.2 优化设计要点及提升效果

◎ **优化设计要点**

1. 路段交通组织优化

基地外部道路状况良好，通过预测发现基地建成后对整个道路交通流的影响较小。同时，基地内部道路为5~6m，满足消防要求。

为避免医院建成后通湖路造成拥堵，需要对通湖路进行交通优化。

2. 交叉口交通组织优化

根据预测，基地建成后对外部道路的交通影响较小。但考虑到医院周边交通组织流线的顺畅，将励才路北延至宏运大道，可以让基地周边道路机动车流组织形成环状循环，可以便于基地东侧主要机动车出入口交通流量集散。

3. 公共交通组织优化

为提高公交站点覆盖率，提升公交吸引力，可以在天印大道东—通湖路北，靠近一期出入口处增设一处公交中途站点。

4. 停车交通组织优化

通过停车需求预测和影响分析可知，机动车与非机动车泊位均能满足预测的停车需求。考虑到共享单车对交通方式的改变，可以在通湖路主入口处利用绿化带预控非机动车停车带，允许共享单车及部分非机动车停靠。

5. 外部机动车交通组织

机动车交通组织关键在于合理集散进出基地机动车辆，保证基地交通与外部交通之间的快捷联系，同时降低基地机动车进出对外部交通的干扰。另一方面，应合理分离机动车流与其他交通流，减少相互间干扰。

考虑到基地南侧集散道路（通湖路）特殊交通条件，避免由于医院到达交通形成排队，影响天印大道主线交通流运行，本次交通影响评价对通湖路交通组织进行单向组织和双向组织两种方案。

（1）方案一：通湖路单向通行（由西向东）

通湖路私人机动车交通采用单向组织方式，单向组织方向为由西向东行驶，消防车组织不限制，通湖路不同方式交通组织流线和叠加如图13-22、图13-23所示。

图13-22 机动车外部流线图（通湖路单向通行方案）

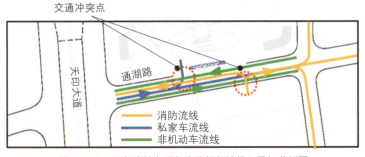

图13-23 通湖路单向通行交通组织流线和叠加分析图

从图中可知，单向交通组织方案存在 3 处交通冲突点，分别为基地进入流线与消防车自东向西流线，基地自西向东进入流线与自东向西非机动车流线，消防车离开流线与自西向东非机动车流线。

（2）方案二：通湖路双向通行

通湖路私人机动车交通采用双向组织方式，其不同方式交通组织流线叠加如图 13-24、图 13-25 所示。

图 13-24　机动车外部流线图（通湖路双向通行方案）

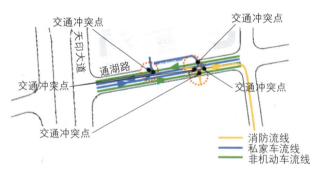

图 13-25　通湖路双向通行交通组织流线叠加分析图

从图中可知，单向交通组织方案存在 6 处交通冲突点，分别为基地自西向东进入流线与通湖路自东向西机动车流线，基地进入流线与自东向西非机动车流线，消防车自东向西流线与通湖路自西向东机动车流线，消防车离开流线与通湖路自西向东非机动车流线，基地自东向西进入缓冲车道流线与通湖路自东向西非机动车流线，消防车自西向东离开流线与通湖路自西向东机动车流线。

6. 内部机动车交通组织

院区内部采用人车分流，内部机动车流线组织如图 13-26 所示。

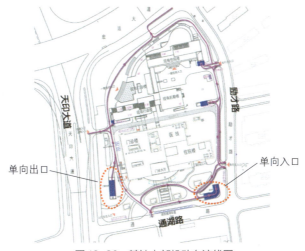

图 13-26　基地内部机动车流线图

7. 行人交通组织

一方面，行人交通应方便与公交车站直接联系，并方便换乘，另一方面，由于医院区域紧靠天印大道—宏运大道交叉口，车流量大，因此需要特别关注行人的交通安全问题。考虑到各个方向车辆进入环岛右转弯半径过大，需要设置机动车右转弯减速带；同时，严格控制交叉口视距三角形，交叉口范围沿路绿化不易过高，提高行人过街安全。行人交通组织如图 13-27 所示。

图 13-27　基地内部行人流线组织

8. 通湖路道路断面优化方案

考虑到基地南侧通湖路的特殊交通条件，减少高峰时段医院交通对基地南侧消防大道等地块的影响，本次交通影响评价对通湖路道路断面进行双向四车道和双向两车道两种方案的比选。

（1）方案一：通湖路双向两车道

由上述交通需求预测和关键路段影响分析，通湖路远期（2027年）早高峰期交通量约372pcu/h。结合上述交通组织对策中提出的单向行驶，车行流线较顺畅，入院机动车道有两条，另有通湖路北侧设置9个停车泊位的缓冲车道，能有效减少医院临时停车对路段通行能力的影响，路段通行能力为884pcu/h，早高峰时段路段饱和度为0.42，交通运行水平较高。同时，在医院运营后，配合适当的交通管理，减少路边乱停现象，能在有效避免通湖路交通拥堵，如图13-28所示。

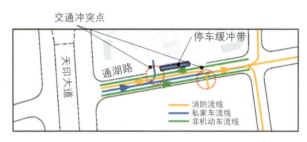

图13-28　通湖路双向两车道交通冲突点示意图

（2）方案二：通湖路双向四车道

通湖路双向四车道方案采用医院内部用地拓宽通湖路，需占医院用地约1300m²。同时，双向四车道方案可以采用双向通行交通组织方案，医院入院车道数量与方案一（单向组织）车道数量一致，进入医院车道通行能力并没有增加。同时，双向通行交通组织方案使得进入医院（由西向东）交通流需左转或掉头进入通湖路入口，与通湖路（由东向西）交通组织流线产生冲突点，且医院路侧没有临时停靠车位，存在潜在交通拥堵风险，影响消防执勤车辆进入，如图13-29所示。

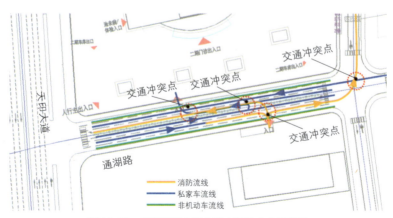

图13-29　通湖路双向四车道交通冲突点示意图

◎ 提升效果

1. 通湖路交通组织方案比选评价

两方案优缺点比选结果见表 13-6，可以看出通湖路单行后，方案一对天印大道、消防车和基地交通组织影响较小。

因此本次交通影响评价外部交通组织推荐方案一。

表 13-6 通湖路不同组织方案优缺点比选

比选方案	优点	缺点
方案一 通湖路单行（推荐）	• 通湖路交通冲突点较少 • 对消防出入口干扰较小 • 通湖路存车空间充足，对天应大道干扰较少	• 消防车西向流线（非主流线）不畅 • 东侧小区离开流线需要一定绕行
方案二 通湖路双行	• 东侧小区流线组织较为顺畅 • 消防车西向流线可以通行	• 通湖路交通冲突点较多 • 对相仿出入口干扰较大，存在影响执勤车辆出入可能 • 通湖路存在排队长度过长可能，天印大道—通湖路交叉口存在溢出可能

2. 通湖路断面优化方案比选评价

两方案优缺点比选结果见表 13-7，通湖路采用单行方式能增加入口处机动车存车空间，医院二期运营后配合适当的交通管理措施，能有效缓解拥堵。从节约用地，提高交通综合效率的角度出发，本次交通影响评价通湖路断面优化比选方案推荐方案一（通湖路采用双向两车道方案）。

表 13-7 通湖路不同断面方案优缺点比选

比选方案	优点	缺点
方案一 通湖路双向两车道 （推荐）	• 节省道路用地 • 配合单向交通组织和停车管理，基本能够满足高峰期医院和周边地块交通出行需求 • 减少进入医院车流与道路对向车流（由东向西）冲突	• 消防车西向流线（非主流线）不畅 • 东侧小区离开流线需要一定绕行
方案二 通湖路双向四车道	• 东侧小区流线组织较为顺畅 • 消防车西向流线可以通行	• 需占用更多社会用地资源 • 双向交通组织增加进入医院车流流线交通冲突 • 医院入口处无空间设置临时停车泊位，医院临时落客停车对路段通行能力造成一定影响

第 14 章

商业区交通组织优化设计实例

Chapter Fourteen

14.1 商业区周边及内部交通流组织优化

14.1.1 南京市河西南鱼嘴金融聚集区概况

◎ 基本情况

基地规划建设一栋500~550m的超高层5A级写字楼、一栋300~350m超高层写字楼、一栋200~300m超高层写字楼。

研究视野如图14-1a所示，为扬子江大道以南，长江以东、秦淮新河以北、江山大街以西的区域，规划总用地面积1417.39万m^2，同时适当扩展至其他关联地区。

研究范围如图14-1b所示，东至天保街，南至高庙街，西至头关街，北至规划支路和庐山路。范围内共有九块地，先建设A、B、C、D、E（图中未标出）共5个地块，建设周期为8年，再建设F-I共4个地块。交通影响评价项目建筑面积启动阈值为1万m^2，基地建筑面积128.47万m^2，启动阈值比属$R \geqslant 5$范围。

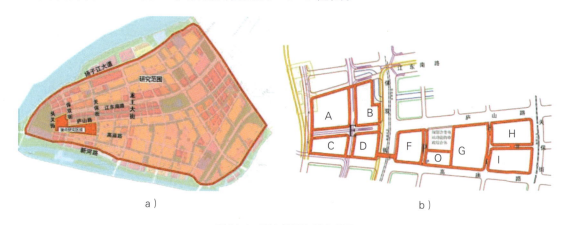

图14-1 研究视野和研究范围

基地保双街以东干路网已建成，较为完善；路幅普遍较宽，均为三块板以上；基地附近支路、保双街以西道路有待建设。基地及周边用地尚未开发，工作日早高峰道路交通运行状况良好,服务水平达 A 级。

由图 14-2 可知,基地周边道路信控交叉口 8 处,无信控交叉口 11 处,交通管制(交叉口隔离封闭)6 处,交叉口实施交通管制较多。虽然大多数交叉口已布设信号灯设备,但半数以上未投入使用。北侧扬子江大道快速路与保双街、天保街等城市干道相接的交叉口,均采取右进右出的交通组织型式,保证扬子江大道主线交通的快速通行。

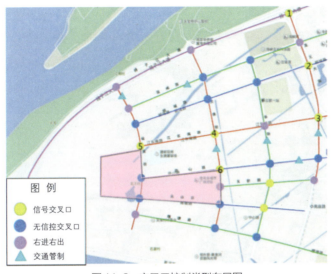

图 14-2　交叉口控制类型布局图

已建道路与交叉口运行状况良好,基地周边大部分交叉口服务水平处于 A 级以上。只有龙王大街与江东南路交叉口北进口,左转服务水平为 B;扬子江大道与龙王大街交叉口的南进口道左转服务水平为 C。

基地附近公交站点及公交线路较少,公交站点覆盖率仅 33.8%(龙王大街以西片区);基地周边仅有 G3 旅游观光线正在运营。

基地附近开通地铁线路 1 条,为 S3 宁和线,附近站点 3 个。基地附近开通的有轨电车仅有 1 号线,附近设置 5 个有轨电车停靠站台。

基地附近慢行交通设施较好,主干道、次干道以及支路均使用绿化带实现机非物理隔离。扬子江大道和天保街交叉口处现有 1 处立体人行过街设施。附近无公共自行车租赁网点。

◎ 交通需求分析

1. 基地区域交通量预测

本次交通量预测,主要根据控规确定的用地性质规划及开发体量,预测未来 5~10 年周边各地块吸发产生机动车交通量。

近期（2026年），基地周边地块开发相对较小，周边道路网基本维持现状，整体交通量变化相对较小，鱼嘴片区附近路网服务水平始终维持在B~C级。近期地下环路较为通畅，饱和度在0.5~0.8，服务水平为B~D级，开始出现交通拥堵状态，基地周边主要道路服务水平较高，双向饱和度在0.7以下，部分道路服务水平较低，处于C级与D级服务水平。保双街、庐山路受基地开发新增交通量影响较为显著，由B级服务水平下降到C~D级服务水平，道路开始出现交通拥堵。

远期（2030年）背景交通量较大，道路较为拥堵，拥堵路段为C~D级服务水平，如扬子江大道、保双街、天保街等道路服务水平较低，交通压力较大。由图14-3可知，远期叠加交通量分配后，庐山路、江东路部分瓶颈路段流量增长较大，显著提升了周边道路的饱和度，服务水平为D级以上，道路较为拥堵。

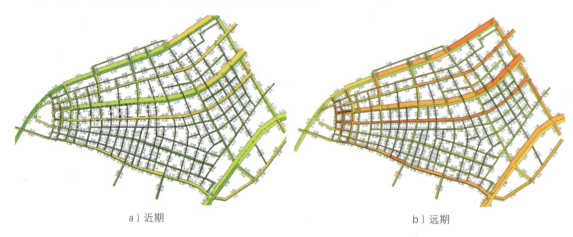

a）近期　　　　　　　　　　　　　　b）远期

图14-3　近期（2026年）和远期（2030年）叠加交通量预测

2. 停车需求预测

预估基地共需配置普通机动车停车泊位5919个，其中小汽车停车泊位约6111个，自行车泊位约2157个，出租车临时停车泊位约48个。

14.1.2　优化设计要点及提升效果

◎ 优化设计要点

1. 路网优化

1）加快道路建设，提高路网密度：加快保双街以西路网建设以及片区支路建设，支撑基地高密度开发产生的高强度交通出行需求。

2）新建道路交叉口需渠化：基地周边新建道路需要渠化交叉口约13个，具体方案如图14-4所示。

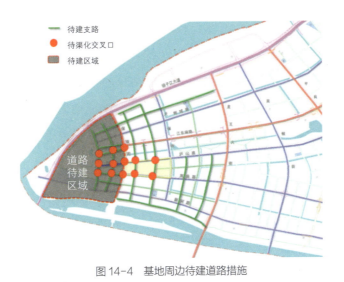

图 14-4　基地周边待建道路措施

2. 交通控制优化

1）干路与干路交叉口均采用信号控制。

2）干路与支路交叉口，如江东路沿线与支路交叉口，为保证东西向主交通流快速通行，部分采用右进右出控制。

3）支路与支路交叉口，根据实际使用情况决定是否需要设置信号灯，具体方案如图 14-5 所示。

图 14-5　交叉口信号灯配置措施

3. 公共交通优化

1）轨道交通。增加地铁线路数量，提高线网密度。

2）常规公交。基地增设 9 对公交站台，基地周边道路共设置公交站台 14 对。其中：头关街 1 对，江东南路 1 对，A 地块东侧规划路 1 对，保双街 1 对，庐山路 3 对，高庙路

3对，天保街1对，F地块东侧规划路1对，G地块东侧规划路1对，H地块南侧规划路1对。

3）公共自行车。基地周边道路配置公共自行车泊位1153个，公共自行车泊位主要结合地块人行出入口、公交站台、地铁站出入口和有轨电车站点设置，在地块主要人行出入口、公交站台、地铁站出入口和有轨电车站点周围约100m范围设置。

4. 地下环线设计优化

（1）地面出入口匝道改善措施

1）扬子江大道入口匝道改善措施：车道宽度由6.5m增加到7.0m。

2）江东南路出口匝道改善措施：东移370m至保双街东侧。渠化方案如图14-6所示。

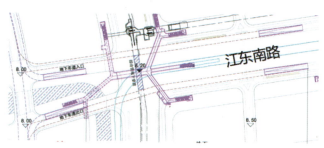

图14-6　江东南路出口匝道渠化方案

（2）地库出入口改善措施

1）出入口设计：1号、3号出入口增加长度共约40m的减速段和渐变段，减少车辆进出地下车库对地下环线主线的影响；6号出入口加速段和渐变段长度调整为30m，与江东南路出口匝道距离50m。

2）出入口闸机：地下环线1、5、6进口道闸机前，预留2个停车位，为车辆进入地库排队预留空间。车库5、6号出入口设计如图14-7所示。

图14-7　基地地下环线车库5、6号出入口设计改善措施

（3）渠化措施

南北向主线 3 个车道，汇入西至东主线 5 车道，主线交通不受汇入交通流影响；3 号出入口右转车道由 2 车道增加至 3 车道，保证主线 3 车道通行。地下环线车道设计如图 14-8 所示。

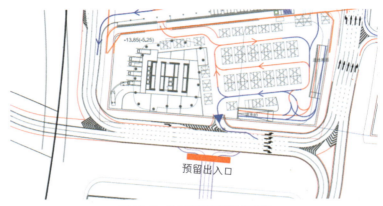

图 14-8 地下环线车道渠化措施

5. 基地内部交通组织优化

（1）地面交通组织优化

1）道路改善措施。机动车交通组织优化方案如图 14-9 所示。

北侧出入口优化方案：建筑前车道宽 7m，延长绿化带，将进出口距离拉长，增加建筑前车道数为二车道，一条 3m 的车道落客，一条 4m 的车道进入地库。

南侧出入口优化方案：将环岛通道扩宽至 7m，双车道通行。满足一条 3m 的车道落客，一条 4m 的车道服务地库车辆出入基地。

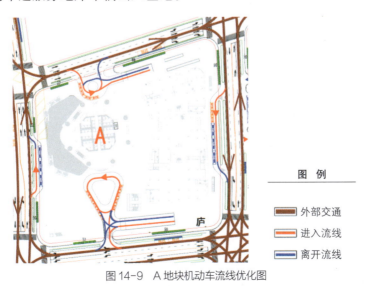

图 14-9 A 地块机动车流线优化图

2）地面停车泊位优化措施[67]。考虑A地块地面南、北两侧塔楼出入口设置，东、西两侧人流通道和建筑出入口，A地块新增东侧出入口，东、西两侧布置大客车落客区，大客车泊位6个、出租车泊位3个。

沿南、北侧出入口道路以及建筑前落客区布置出租车泊位13个，沿地块周边道路及人行出入口、公交站台附近，布置公共自行车泊位278个。

地块内机动车和特殊车辆以单向交通组织为主，以减少交通冲突点，同时满足大客车、消防车等大型车辆的转弯半径要求。

（2）地下车库交通组织优化

A地块形成连通地下环线地块出入口与地库坡道的主通道，优化方案如图14-10所示。

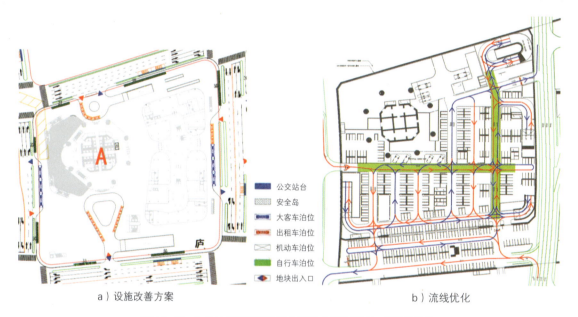

a）设施改善方案　　　　　　　　　　b）流线优化

图14-10　A地块交通设施改善方案和A地块地下二层流线优化

6. 基地内部慢行交通组织优化

（1）非机动车

非机动车车库出入口宜与机动车库出入口分开设置，且出地面处的最小距离不应小于7.5m。当中型和小型非机动车库受条件限制，其出入口坡道需与机动车出入口设置在一起时，应设置安全分隔设施，且应在地面出入口外7.5m范围内设置不遮挡视线的安全隔离栏杆。非机动车出入口的布置方式应结合机动车出入口布置。

（2）人行交通优化

增设从地面通达至地下车库的电梯；同时，在地下三层车库中间区域增设电梯，服务车库中间区域人行垂直交通。加强基地A、C地块地下人行通道与头关街地下公共通道、地铁站点通道衔接。对地下车库行人通道渠化，流线设计如图14-11所示，可以引导人流安全行走。地下车库的车行道两侧应布设划线步行带，明确人行通道，保证人行通道的畅通性，有效分离机动车和行人，提高行人通行安全性。

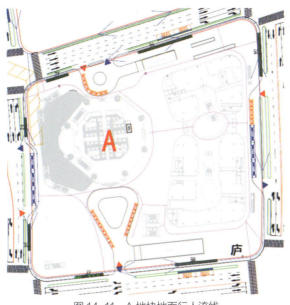

图14-11 A地块地面行人流线

◎ 提升效果

1. 路网和交通控制优化方案评价

对新建和改建交叉口进行渠化设计，结合交叉口道路等级和流量预测增设信号灯后，基地周边路网运行有较大改善。从图14-12的仿真结果可以看出，基地周边道路网运行较为通畅。

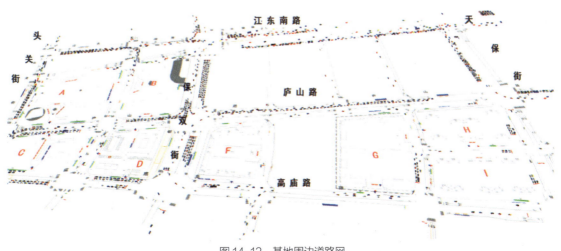

图14-12 基地周边道路网

2. 公共交通优化方案评价

（1）常规公交

基地增设 9 对公交站台，基地周边道路增设 14 对公交站台后，有效分担小汽车出行需求，缓解基地周边机动车通行压力。

（2）公共自行车

结合地块人行出入口、公交站台、地铁站出入口和有轨电车站点设置 1153 个公共自行车泊位，满足基地非机动车停车和换乘需求。

3. 地下环线优化方案评价

江东南路出口匝道方案如下。

- 方案一：地下环线出口匝道位置不变，优化交叉口渠化。

方案改善措施：出口道位置不变时，地下环路出口禁右，可左转和直行。

仿真评估：图 14-13 给出的评估结果显示，地下环线庐山路出口匝道左转车辆排队长度达到 255m、延误达到 532s。根据《美国道路通行能力手册》[68] 的服务水平标准，地下环线庐山路出口左转车道服务水平达到 F，服务水平低。

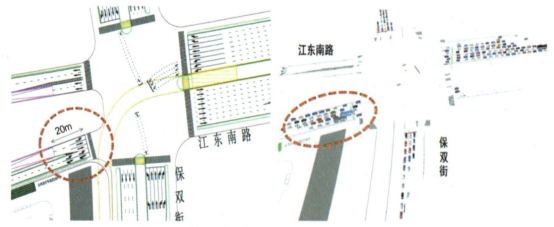

图 14-13 地下环线江东南路出口匝道渠化方案一及仿真评估

- 方案二：地下环线出口匝道位置不变，优化交叉口渠化。

方案改善措施：地下环线江东南路出口匝道采取禁左和禁右措施，地下环线驶出车辆仅可直行，减少车辆因变道而产生交织和拥堵。

仿真评估：评估结果显示，西进口匝道左转车辆排队现象消失，直行车辆排队长度135m，延误41s，服务水平达到E；西进口处地下环路车道服务水平明显提高。

- 方案三（推荐方案）：地下环线出口匝道东移。

地下环路江东南路出口匝道移至保双街东侧，与原出口位置距离约370m，地面渠化方式为出口直接入地面机动车主线。

根据仿真评估，地下环线江东南路出口匝道东移370m至保双街东侧。

4. 基地内部交通组织优化方案评价

（1）机动车停车泊位

明确大客车泊位、出租车泊位和无障碍泊位数量和位置后，满足《南京市建筑物配建停车设施设置标准与准则》（2019版）要求。

（2）基地机动车交通组织

A地块北侧出入口建筑前车道拓宽为7m，并延长绿化带，将进出口距离拉长，增加建筑前车道数为二车道，一条3m的车道落客，一条4m的车道进入地库，南侧出入口将环岛通道扩宽至7m，双车道通行，满足一条3m的车道落客，一条4m的车道服务地库车辆出入基地后，A地块地面交通组织更为顺畅。

14.2 商业区周边道路混合交通组织优化

14.2.1 青岛李村商圈概况

◎ 基本情况

李村商圈位于李沧区南部，目前商业面积已经达到100余万平方米，规划商业面积将达到200多万平方米。

项目一般研究范围如图14-14所示，北至唐山路、西至重庆路、南至区界、东至天水路—铜川路，总面积约26.4km²；重点研究范围为果园路—南崂路、君峰路、黑龙江路、李村河、青峰路围合区域，总面积为1.3km²。

骨干路网建设较完善，但是受老虎山山体阻隔，区域北部东西向联系通道不足。次干路、支路建设相对滞后，断头路较多，难以有效发挥集散区内交通的作用。同时，受大地块影响，部分区域支路网缺乏。核心区路网密度为11.7km/km²，面积率17.9%，是李沧区路网较为密集的区域。过李村河通道：4座车行桥，2座人行桥，但桥与南侧道路衔接性较差。

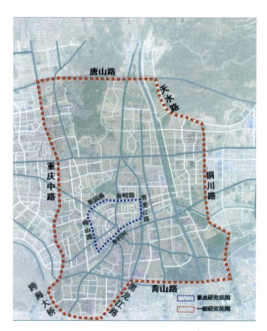

图14-14 李村商圈研究范围

核心区路网分布如图 14-15a 所示，呈向心放射式结构，不利于车流疏解，南部跨李村河通道与南侧道路的衔接有待加强，局部路段和节点形成交通瓶颈。李村商圈已呈常态轻度拥堵状态，高峰时期个别路段呈现中度拥堵甚至是重度拥堵状态。商圈中主要路口现状道路等级分布如图 14-15b 所示，其中主要包括京口路—峰山路南、北进口，京口路、君峰路东、西进口，黑龙江路—中崂路西、南、北进口，夏庄路—书院路—京口路西进口，枣山路—九水路北进口、西进口饱和度达到 D 级及以上，高峰时期会呈现较长的排队等待状态。

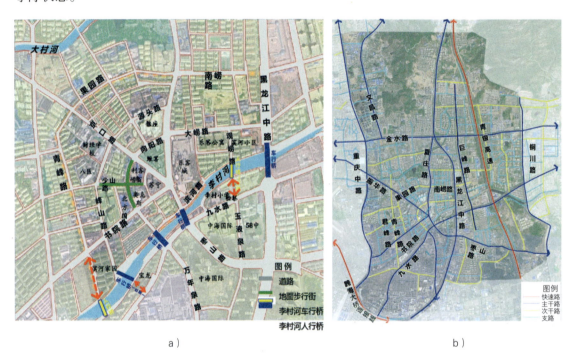

a)   b)

图 14-15 核心区路网分布和现状道路等级分布

1. 常规公交

李村商圈现状有 46 条常规公交线路，核心区公交线网密度达 5.3km/km²，能够较好地服务该区域的公交出行。但公交线路分布过于集中在与地铁重叠的交通走廊。现状公交站点 500m 半径覆盖率较高；但仅 32 处公交站为港湾式站，其余为路侧式站。同时，约 30 处公交站距离交叉口过近。公交优先程度不足，仅黑龙江路、重庆中路、金水路东段施划有公交车专用车道。

2. 地铁

地铁 3 号线于 2016 年底全线开通，虽刚刚起步，但已明显发挥骨干交通作用。
慢行交通系统的建设普遍缺乏整体性和系统性。部分人行道路受违章停车、商铺占道经营等影响，无法形成连续的行人通行空间。区域内人行道与机动车之间分隔设施较为简陋，车辆占用人行道停车现象严重。过街设施安全性不高，多为平面过街，不含有直接、便捷的过街功能；步行专用路少。

居住车位配建不足，大型公建配建停车泊位较多，公建停车总体供应大于需求。由于停车管理目前尚存在壁垒，公建停车位利用率不足，尤其是夜间，存在周边道路停满车而公建停车场存在较多剩余车位的现象。部分主干路如夏庄路、书院路设有路内停车，在周边交通运行状况不乐观的情况下，严重影响交通通畅。

◎ **交通需求分析**

1. **出行目的预测**

通过对核心商圈未来业态分布的分析，将商圈吸引产生的客流以出行目的来划分，其中以购物、娱乐为主，约占45%，其次为通勤，约占38%。

2. **出行分布预测**

商圈核心区2020年内部出行占比约18%，对外出行占比约82%；对外联系中以李沧区联系最为紧密，占总出行量的50%左右；2030年内部出行占比有所增加，占22%左右，对外出行占78%左右。随着李村商圈影响力的提升，对外出行中仍然以李沧区联系最为紧密，但出行量占比出现逐渐下降的趋势，从现状的58%，下降至2020年的50%，再下降至2030年的47%左右。

3. **出行方式预测**

商圈核心区出行方式结构随着轨道交通的快速发展，公共交通出行比例逐渐提升，由现状的31%到2020年的36%，再到2030年的45%；机动化个体交通出行占比逐年下降，由现状的33%下降到2020年的29%，再到2030年的22%；非机动化变化不大，基本维持在35%左右。

4. **交通分配**

2020年核心区内路网流量约7.0万~7.5万pcu/天，到发交通约3.2万pcu/天，占45%左右，过境交通约3.9万pcu/天，占55%左右。

2030年核心区域内路网流量约5.8万~6.3万pcu/天，到发交通约2.9万pcu/天，约占48%，过境交通约3.1万pcu/天，约占52%。

由图14-16可知，远期在不考虑任何优化措施的情况下，区域内主要道路高峰小时饱和度高，局部路段达到0.8以上，如京口路、夏庄路、书院路，交通压力大。

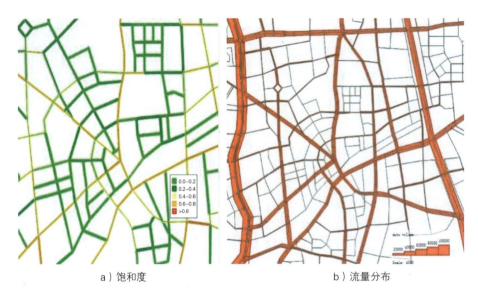

a）饱和度　　　　　　　　　　　　b）流量分布

图 14-16　核心商圈主要道路饱和度和主要道路流量分布图

结合该区域地块的改造升级，预测 2020 年基本车位需求约 1.6 万，出行车位需求约为 1 万；2030 年基本车位需求为 1.42 万，出行车位需求为 0.91 万。而现状居住停车泊位缺口为 1640，考虑机动车自然增长及部分老房子的改建，2020 年缺口为 1750 个，2030 年为 1970 个。

14.2.2　优化设计要点及提升效果

◎ **优化设计要点**

1. 高效分离过境交通

路网改善示意图如图 14-17 所示。

1）通真宫路—果园路—南崂路沿线拉通拓宽，形成商圈核心区外围北边东西向的主要贯穿通道。

2）九水路—青山路，通过节点立交化处理，使九水路能够与青山路形成东西向顺畅快速通过的主要通道，并且通过立交匝道设计保证该通道能够快速直接联系重庆中路快速路。

3）君峰路—文昌路，通过沿线拉通拓宽以及节点处理，使君峰路—文昌路成为李村商圈外围西侧南北向主要通道，一定程度也分担了重庆中路的交通压力。

2. 打通片区路网微循环，梳理内部交通组织

次干道拉通成网：① 青峰路南延至滨河路；② 峰山路南延接九水路；③ 观崂路南延对接玉液泉路。支路优化加密：结合未来旧改项目打通加密支路系统，形成片区路网微循环，示意图如图 14-18 所示。

图 14-17　路网改善示意图

图 14-18　路网微循环改善示意图

3. 通过地下道路解决到发交通

（1）构建地下道路系统，商圈核心区设立为公交慢行专用区

沿商圈核心区布置地下道路系统，将到发交通引入地下；核心区内夏庄路、向阳路、

书院路进行断面改造，仅允许公交、出租、慢行交通进入，提高购物环境品质；古镇路、少山路为慢行专用路，禁止机动车进入。

（2）商圈地下通道总体布局

由图14-19a可知，沿大崂路—向阳路—滨河路—东北庄路—书院路布置地下道路系统，连通核心区内各地块的地下车库，将商圈核心区的到发交通引入地下；地下通道为地下二层，地下一层为商业和步行通道，地下二层为车行通道。结合地块改造和地下空间开发，增加滨河路、东北庄路地下车行道，串联核心区内各地块的地下车库。地下道路的交通流线设计方案如图14-19b所示。

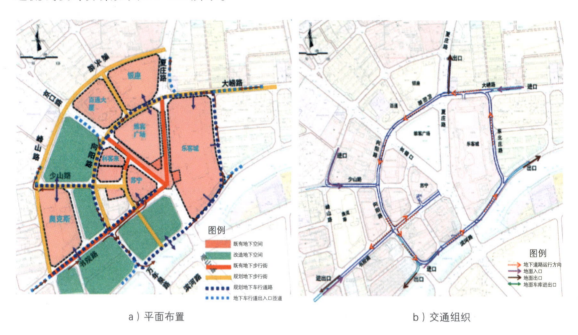

a）平面布置　　　　　　　　　　b）交通组织

图14-19　地下道路系统平面布置图和地下道路系统交通组织示意图

（3）地下道路详细方案

道路总长2.59km，主通道沿大崂路—向阳路—滨河路—东北庄路敷设，总长1.89km，在少山路、书院路设置连接通道，长度分别是0.2km和0.5km。地下道路主通道采用逆时针单向运行，与书院路交叉口处采用右进右出交通组织。地下环路共设置四对出口，其中大崂路、峰山路、书院路、滨河路设进口，夏庄路、书院路、滨河路西、滨河路东设出口。

（4）道路红线调整措施

考虑布置地下道路出入口对道路空间的占用，适当加宽相关道路控制红线。调整道路有：滨河路（峰山路—东北庄路）：道路控制红线由 16m 调整为 24m；峰山路（京口路—少山路）：道路控制红线由 18m 调整为 24m；大崂路（夏庄路—观崂路）：道路控制红线由 24m 调整为 36m。

4. 构建立体连续慢行系统，激发商圈城市活力

（1）地下步行系统

结合轨道站点设置，在地铁通道上方结合两侧地下商业开发设置地下步行街；结合地下商业开发，打造地下商业步行街；结合地下人防工程，完善地下商业街空间环境；统筹地下空间规划，形成互联互通、结构分明的地下步行网络。在李村商业中心区设置地下人行系统约 500m。

（2）空中连廊

开发强度大、步行交通需求量大的商业办公区域，商业区呈片状或带状形态；轨道、公交网络节点处，与周边建筑整合开发片区；步行空间连续性不足，需大量穿越城市快速路或主干道等高等级道路。规划设置并联空中连廊约 200m。在京口路—夏庄路—书院路交叉口设置一处人行天桥。

（3）优化地面步行通道

1）完善规划区道路的人行系统，近期重点增加或拓宽原人行道空间不足的道路。

2）商业区主要道路人行环境改善，主要包括步行街向阳路、少山路及京口路、书院路、源头路等。

3）完善地铁站点及公交站点最后 1km 的衔接设施，增设遮阳避雨设施、自行车停靠点等。

（4）构建连续舒适的慢行休闲系统

规划区打造 6 条慢行休闲绿道系统，串联老虎山、卧虎山、李村公园、维客广场、李村河，具体设计方案如图 14-20 所示。

5. 优化布局公交系统，提升公交服务水平

（1）常规公交线路优化

公交线路优化情况如图 14-21 所示，原经过夏庄路—书院路运行的 371 路、372 路、303 路、368 路调至夏庄路—向阳路—书院路运行，同步需在向阳路步行街（24m 宽）开辟公交车专用车道，允许公交通行。原经过夏庄路—京口路运行的 114 路、102 路、3 路、128 路调整至夏庄路—向阳路—京口路运行。

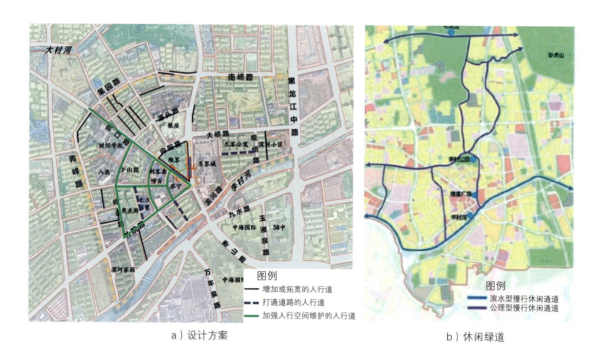

a）设计方案　　　　　　　　　　b）休闲绿道

图 14-20　人行道优化方案

图 14-21　公交线路调整示意图

对 605 路进行长线截短，利用开平路首末站（规划近期新建）将线路分为南北两条中短线路。

考虑部分社区道路条件，采用微型公交车辆。规划 3 条公交接驳线，并同步对 2 条常规公交线路进行调整。

（2）公交站点优化

维客广场站（夏庄路西侧）：利用银座广场空间（路缘石至商场约 18m），由现状直线站（停靠 18 条线路）改造为港湾站，并设置辅站（每处港湾站 40m，主辅相隔约 25m）。李村站（向阳路北）：利用站点西侧港湾式路内停车位，将现状直线站改造为港湾站。围绕维客广场新增 3 处港湾站：分别位于夏庄路西侧、京口路东侧、向阳路南侧。结合向阳路改造新增 2 处港湾站：分别位于向阳路东、西两侧。

结合南崂路、滨河路打通工程，在南崂路、滨河路上新增 3 处公交直线站。结合规划路网和用地条件，将核心区 9 处直线站改造为港湾站。

（3）夏庄路公交场站交通组织优化

1）近期——减少交织策略。取消夏庄路（中崂路—南崂路）路内停车，夏庄路南向北调整为 3 车道；东侧场站出入口功能分开（南进北出）；线路调整，北向线路主要于西侧停车，南向线路主要于东侧停车；在出入口前加设 2 处信号灯（联动控制），并加划人行过街横道线，禁止车辆掉头；东侧下客站调整至场站内下客，且此信号口禁止掉头；李村公园站 3 取消，合并至站 2，并改造为港湾站；公交站 1 改造为港湾站。通过优化，交通组织流线减少 5 个流向，冲突点减少 20 个。

2）远期——功能分离，立体开发策略。将夏庄路西侧地下公交停车场功能调整为社会停车；将夏庄路东侧公交场站建设为立体化公交枢纽，综合开发，并与地铁 2 号线夏庄路站实现空间互通。

（4）公交车专用车道

1）近期在商圈及周边 4 段道路开辟公交车专用车道。京口路（向阳路—黑龙江路段），现状双向 8 车道，利用最外侧车道设公交车专用车道；夏庄路（书院路—金水路段），现状车行道宽度 23m，双向 6 车道，设置公交车专用车道；向阳路（京口路—书院路），结合步行街改造，设置双向公交车专用车道；九水路（万年泉路以东段），现状双向 8 车道，利用最外侧车道设公交车专用车道。

2）远期结合各条道路改造，在商圈及周边 5 段道路开辟公交车专用车道。京口路（向阳路以北段），规划红线宽度 40m，设置双向公交车专用车道；书院路，规划红线宽度 35m，设置双向公交车专用车道；九水路（万年泉路—君峰路段），规划红线宽度 40m，设置双向公交车专用车道；君峰路，远期规划预留宽度 30m，设置双向公交车专用车道。

（5）公交场站设施

核心区外围、一般研究范围内规划 7 处公交停保场，总面积 6.52hm^2，为公交提供基础设施保障；规划 8 处公交首末站，主要与其他用地性质兼容开发。

6. 合理构建片区静态交通体系，实现分区分需停车管理示范区

（1）居住停车与公建停车资源共享

考虑停车距离一般需在300m范围内，将核心区分成8个停车单元，实施单元内停车自治，每个单元内公建与居住实施停车共享，实施错时停车。同时按照70%利用率估算维客广场、李村公园、奥克斯地下二层可提供的泊位。

（2）近期整治路内停车

取消夏庄路、书院路两条主干道及古镇路等重要集散道路内停车泊位共204个；取消道路宽度不满足设置要求的道路北山一路、北山三路、桃园路等路内停车泊位共102个；根据规范调整停车泊位长度，取消交叉口周边、公交站周边、出入口周边不满足规范要求的停车泊位，共计取消泊位181个。

根据路内停车的相关规范，筛选道路宽度8m以上的支路6条，总长度约2km，增设路内平行停车泊位，停车泊位约232个。优化后停车泊位809个，经过优化后可提供泊位1679个，基本满足车位缺口。

取缔现有违章停车，尤其是商圈书院路、京口路、夏庄路等主干路，以及承担商圈交通疏解功能的南崂路、果园路、青峰路等道路。加强管理力度，规范停车秩序，对不按照规范车位停车的车辆，增加罚单的贴单频次和拖车的执行力度。

（3）远期强化停车配建，新改建项目捆绑公共停车位，实现全部路外停车

1）源头路北侧地块。该地块位于金岭路南，银座和谐广场北侧，现状为居住和部分办公用地，规划为商业商务用地，未来利用该地块的改造升级，可捆绑公共停车泊位约300个。

2）现状建管局地块。地块位于峰山路、书院路东南角，现状为建管局行政办公地块，未来规划为公共停车场用地，考虑地下开发，该地块未来可提供停车泊位300个。

3）河北市场居委会。位于向阳路、书院路西南角，现状为河北村村委会，未来规划为绿地广场，地下可开发公共停车场，未来地下公共停车场开发可提供泊位300个。

（4）外围设公共停车场，实现公共交通为主导

将进入商圈的范围分为停车引导区、管控区及严管区，远期停车场位置如图14-22a。

引导区：在商圈外围依托地铁站点，区内公共停车场建设，设置停车换乘中心，引导公交方式进入商圈；引导区为重庆中路—大桥接线—南区界—铜川路—唐山路围合区域。

管控区：主导公共交通进入，设置较高的停车收费，严格停车管理，保证路内停车秩序；管控区为南崂路—果园路—青峰路—滨河路—黑龙江路围合区域。

严管区：加强停车管理，取缔一切地面停车，包括路内、公建广场，实现步行空间的释放和购物体验环境的提升。严管区为向阳路—滨河路—夏庄路围合区域。

结合片区停车供需情况，围绕轨道交通及公共停车场选址，设置8处停车换乘中心，可提供车位3400个。

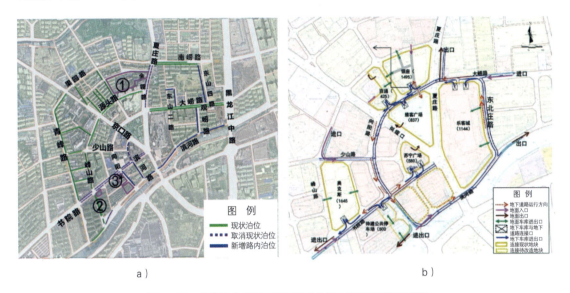

图14-22　远期停车规划示意图和公共停车场交通组织示意图

（5）车库共连，完善诱导

地下道路沿线串联乐客城、维客、银座、百通、苏宁、奥克斯、待改造公共停车场地块，共串联停车泊位约6000个，停车场内的交通组织流线分布如图14-22b所示。将核心范围内公共停车位纳入停车诱导系统，并完善三级停车诱导设施。地下道路内部交叉口处设置禁止直行、禁止左转、禁止右转等禁令标志和相关停车场的引导标志。进一步加强诱导设施的维护，保证24小时正常使用。

◎ 提升效果

1. 交通量明显下降

根据图14-23的交通量变化空间分布可以看出，相比无改造措施，过境交通下降61%。优化后核心区路网容量将由12.3万车×千米/天降低为10.4万车·千米/天，降幅15.74%；流量由13.52万pcu/天降低为11.58万pcu/天，降幅14.37%。优化后核心区道路流量减少明显，核心区外围道路金水路、青山路、九水路等道路流量增加，总体增加幅度在5%~15%之间。

图 14-23 优化前后路段交通量变化空间分布

2. 公交出行水平提升

一般研究范围内公交车专用车道设置率由 9.1% 提升为 17.9%，核心商圈的设置率由 3.1% 提升为 20%。平衡周边道路公交线路，避免夏庄路线路重复系数过高带来公交进站拥堵，提高线路通过效率；增设三条轨道接驳线，提高周边公交覆盖率，方便居民出行；调整地铁沿线重复线路，提高公交运行效率。核心区新增港湾站 5 处，直线站 3 处，直线站改造港湾站 10 处。通过调整线路进场、增加信号灯、优化交通组织，减少 5 个交通流向，20 个冲突点。

公交出行率（含地铁）达到 50% 以上；核心区高峰时期公交运行速度由现状 10.5km/h 提升至 20km/h 以上；高峰时期公交站点延误降低 70%；公交 500m 覆盖率由现状 92% 提高至 100%，300m 覆盖率由现状 75% 提高至 93%。

3. 内部居民的出行环境明显改善

1）过境交通引出，降低干扰。私家车过境交通基本引出，减少了进入该区域交通总量，在道路网络优化贯通的情况下，交通量相对现状降低 15%。

2）停车问题得到解决。通过停车共享、捆绑停车场的建设，内部居民停车可基本解决。

3）公共交通水平有较大提升。公交线路的调整、站点的增加使居民方便到达公交站点，公交车专用路和专用车道的设置大大提高了公交的运行速度，公交站点的改善减少了公交延误，提升了等车的舒适性。

4）步行环境有所改善。核心区设置人行天桥，效果图如图14-24所示。天桥实现了人车分离，保证了行人安全；地下环路将到发交通引入地下，减少地面交通，营造了慢行环境；立体化的步行设施，方便休闲购物；地面停车的取消，主要道路断面改善，大大提高了步行的舒适度。

图 14-24　人行天桥效果图

第15章

景区交通组织优化设计实例

Chapter Fifteen

15.1 景区多种交通方式系统优化

15.1.1 苏州阳澄湖半岛旅游度假区概况

◎ **基本情况**

苏州阳澄湖半岛旅游度假区（以下简称"度假区"）位于苏州工业园区北部，区域面积共 95.55km²，其中水域面积约 9km²，规划人口 39.7 万人。东距上海市 70km，西离苏州古城 20km，游客距此大约为 30~90min 的路程。度假区总面积 24.39km²，目前有超过 300hm² 土地尚未出让。

如图 15-1 所示，结合度假区及周边用地性质，确定景区交通影响范围为：南至阳澄湖大道，西至锦鳞路，北至阳澄湖水域。研究面积约 37km²。

 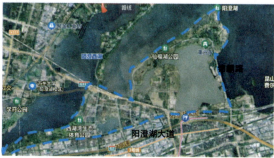

图 15-1　阳澄湖景区区位及研究范围

1. 旅游接待量逐渐增加

如图 15-2 所示，2012 年游客接待量为 85.7 万人次，到了 2016 年，已经达到 273.4 万人次。

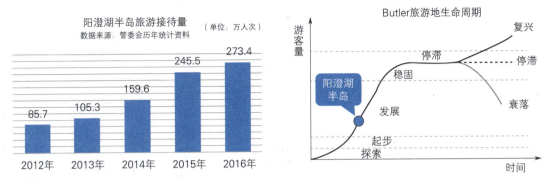

图 15-2 景区旅游接待量

2. 交通供给和管理预留空间不足

公交衔接服务不足，对外交通方式单一。如图 15-3 所示，自驾出行占比 84%，公共交通出行占比仅为 6%。度假区与周边交通枢纽衔接较少，仅在苏州站和园区站设置交通接驳工具。

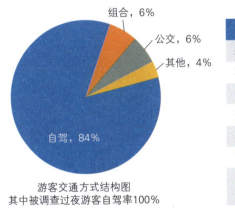

度假区与主要交通枢纽公交接驳现状

枢纽	公交或旅游线路/条	其他类型线路
虹桥枢纽	0	0
硕放机场	0	0
禄口机场	0	0
萧山机场	0	0
苏州站	1（途经）	0
苏州北站	0	0
园区站	0	奕欧来免费班车（一天6班）

图 15-3 游客出行方式及交通接驳现状

部分设施规模不足，容易形成交通瓶颈。以阳澄环路和 G2 高速与阳澄湖大道连接段为例，道路为双向两车道，无法满足日益增长的交通通行需求。此外，景区对突发情况应对能力有待提升，交通管理智能化水平滞后。

3. 交通服务品质有待提高

对外交通联系不便，主要依靠道路交通方式。内部交通设计侧重功能性，游览内容精细化设计不足，如图 15-4 所示。经过调查，认为景观单调、特色不足的游客占比高达 42%；认为停车泊位不足，标志指向不清以及公交不便的游客，占比均在 27% 左右。

交通换乘设计存在缺陷。公共停车场、自行车租赁点和公交站点的布局方式不合理，自行车租赁点距离停车场超过了 500m，对游客的友好度下降。

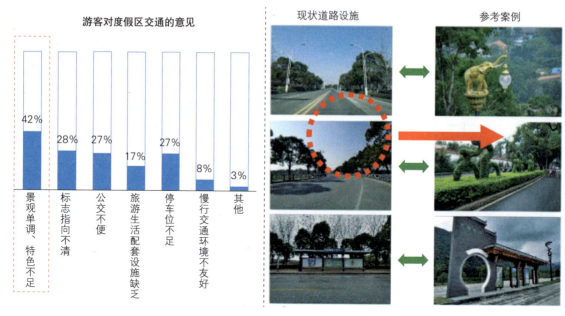

图 15-4 部分路段路面现状

◎ 交通需求分析

基于度假区本底资源和环境条件，结合体验式休闲项目，立足苏州本地，面向长三角地区客源市场，逐步提升国内远程市场和国际市场影响力。

1. 近期交通需求分析（2017—2020 年）

近期度假区处于功能建设阶段，开展客流培育工作。标志性地块集中开发，处于客流培育期，阶段末期基本功能设施初步完备。景区常态化客流吸引点尚未成熟，仍以踏青和蟹季为主要客流吸引点；客流具有很强的季节性，春季和秋季为客流高峰期；"一日游"客流比重高；苏州本地为主要客源地，占比约 70%。

2. 中远期交通需求分析（2020—2030 年）

中远期度假区空间功能差异显现，各片区局部功能动静结合，保持人气和活力；从培育客流转向积聚、引导客流。中远期客流特征为常态化客流与季节性客流并重，客流季节性差异减弱；过夜游客比重增加，停留时间集中于 2~3 天；长三角地区游客比例提高，外地游客与苏州本地游客占比大致相当。

15.1.2 优化设计要点及提升效果

◎ 优化设计要点

如图 15-5 所示，根据不同阶段交通需求特征差异，提出不同交通组织方案。

类别	编号	枢纽名称	规划用地	用地面积（公顷）	包含交通方式
A类（外围）	A1	5号线阳澄湖站配套枢纽	白地	3.95	地铁/普通公交/出租车/私家车/自行车
	A2	3号线戈巷街站配套枢纽	交通设施用地	1.23	地铁/普通公交/出租车/私家车/自行车
B类（门户）	B1	唯胜路枢纽	交通设施用地+服务业用地	5.62	地铁（可能）/中运量（预留）/出租车/普通公交/私家车/电动自行车/自行车
	B2	星华街枢纽	交通设施用地	2.87	普通公交/私家车/电动自行车/自行车
	B3	水泽路枢纽（新增）	白地	3.50	普通公交/私家车/电动自行车/自行车
C类（内部）	C1	重元寺枢纽（新增）	绿地化缓冲带	0.50	特色轨道/普通公交/私家车/电动自行车/自行车
	C2	永阳路枢纽（新增）	白地	1.20	特色轨道/普通公交/私家车/电动自行车/自行车
	C3	水芙路枢纽（临时）	白地	4.46	普通公交/私家车/电动自行车/自行车

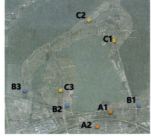

图15-5 "2-3-3"的总体布局及枢纽功能指标

1. 应对客流增长的规划方案

（1）建立与游客需求相适应的多类型枢纽

A类枢纽（轨道枢纽）：便捷的换乘。提高度假区旅游交通品质，为乘坐轨道交通的游客提供便捷的换乘服务，引导旅游交通出行结构向集约化方式转变。

B类枢纽（门户枢纽）：转换的门户。内外交通模式转换的门户，各种交通方式接驳的平台，总体交通需求调控的保障。

C类枢纽（内部枢纽）：联系的依托。内部交通组织的依托，片区间交通联系的纽带，公共交通、慢行及特色交通等多种交通方式的转换地[69]。

（2）完善诱导截留系统

以交通诱导为主，道闸限流为辅，适量减少截流对交通产生的额外影响，适时启动截流。在平峰期间，允许小汽车进入度假区；在停车资源或道路资源达到较高使用水平时，对游客小汽车进行截流。采用多层次，差异化的交通组织，优先保障内部居民和工作人员车辆、酒店过夜游客车辆、团体游客运送大客车进入度假区[70]。

建立三级停车诱导体系，小汽车从出发到最终进入度假区停车，经历了"沿途主要通道—外围道路—进入停车场"的过程，遵循以上行车过程，将出行信息和停车诱导信息，在各阶段关键节点分级别向驾驶人发布，引导驾驶人合理选择行程。

如图 15-6 所示，采用高峰截流，即以停车资源为约束，高峰时段在枢纽对小汽车进行截留的方法，能够保证内部交通量不超过交通承载力，且用地条件能够满足停车设施需求。综合比较来看，高峰截流方案仿真结果较为理想。

	情景1	情景2	情景3
管理模式	开放式管理：对外交通未进行公交引导，同时不考虑枢纽的截流作用	无车化管理：对小汽车严格管控，严格限制游客小汽车进入半岛	高峰截流：以停车资源为约束，高峰时段在枢纽对小汽车进行截流
存在的问题	内部交通量超出道路承载力	①用地条件无法满足停车设施需求；②需要大量公交接驳；③内部道路和已建停车资源浪费	需要制定完备的截流和诱导方案
仿真结果			
综合比较	不推荐	不推荐	推荐

图 15-6　基于不同管理模式的情景假设及截留点分布

（3）优化停车供给

以供定需，通过停车资源供给调控半岛内小汽车使用，原则上内部不大量增加公共停车设施。建立以配建车位为主体、路内路外公共停车为补充、临时停车设施为过渡的停车供给结构。

提出"增、减、留"停车供应方案，如图 15-7 所示。增：阳澄人家西侧结合湖心岛码头设置 10 个大型车泊位；东枢纽规划车位 1100 个小型车泊位、20 个大型车泊位；水泽路入口结合枢纽规划设置 850 个车泊位。水芙路停车场和水泽路停车场，合计 1315 个小型车泊位、28 个大型车泊位。减：取消现状通溪路路内公共停车泊位 80 个。留：星华街枢纽按综合交通规划规模实施，地面扩容新增 500 个小型车泊位；西湖湾按综合交通规划预留（200 个泊位）[71]。

图 15-7　停车规划布局

（4）提升公共交通服务水平

结合城市轨道交通，根据居民和游客不同需求，引进形式丰富、运营灵活的新型旅游特色交通工具，打造以体验为导向的高品质旅游公共交通系统[72]。目前，规划了三级公交线网体系。

1）围绕城市轨道的内外联系线路，提供内外公共交通衔接服务，如图 15-8 所示。

类别	线路	首末站	里程/km	平均运行时间/min	高峰发车间隔/min	高峰配车数
轨道接驳专线	接驳1线	戈巷街站—戈巷街站	10	30	5	6
	新109路	阳澄人家西—戈巷街站	9.5	28.5	5	12
	150路	星华街—星华街	16.5	49.5	10	10

图 15-8　围绕城市轨道的内外联系线路规划

2）针对旺季大规模客流，结合道路建设、码头航线规划，内部接驳线路。在既有 150 路公交基础上，新增 3 条接驳线路，为游客提供多选择交通服务，如图 15-9 所示。

线路	起点	终点	长度/km	备注
东接驳线	东枢纽	重元寺枢纽	3.6	跨越浅水湾瓶颈段、PRT建设后可取消。配4辆车（5min一次）
码头短驳线	东枢纽	浅水湾码头	0.8	水运客流接驳通道，配1辆车
西接驳线	水泽路枢纽	水泽路枢纽	7.7	环线串联西半岛主要设施，配5辆车

图 15-9 内部接驳线路规划

3）半岛和西湖湾联系线路，结合"按需响应"的周末观光专线和水上航线，建立半岛与西湖湾之间的联系。

完善公交场站规划。保留现状重元寺首末站，扩容星华街首末站（大客车泊位改造），增加 2~3 条线路；规划东枢纽首末站（5 条线路）、水泽路枢纽首末站（2 条线路）；结合轨道交通一体化规划，保障阳澄湖站、戈巷街站公交首末站，如图 15-10 所示。应当按 2.1hm² 面积预留公交停车场，可满足 20 列有轨电车停车需求，并完全满足 BRT 制式停车需求。

首末站名称	规划面积/m²	停靠线路
星华街首末站	5500	127路；150路；161路；169路；176路；238路
东枢纽首末站	5000	东接驳线、码头短驳线等
水泽路首末站	1600	西接驳线、配套其他线路
重元寺首末站	4000	126路、109路、预留湖心岛码头接驳线
阳澄湖站首末站	4000	5号线相关接驳线路
戈巷街站首末站	5500	规划接驳1线、其他3号线接驳线路

图 15-10 首末站规划

（5）智慧交通平台规划

从度假区需求出发，对智能化基础设施统一规划、建设及管理，构建一体化的智慧道路管理平台，提升交通管理效率[73]，将度假区打造成为高端旅游与智慧交通相结合的样板区，以及苏州"城市大脑"的示范展示窗口，如图15-11所示。

图15-11 平台功能架构

2. 针对品质提升的规划方案

（1）特色交通规划

特色交通分为游乐体验、旅游形象、交通服务三个功能。游乐体验功能是本身作为旅游产品之一，具备娱乐体验、观景平台的功能。旅游形象功能选用的旅游交通工具，必须具备国内首创性、领先性；同时，还应保证外观现代、符合度假区形象要求。

为提升交通特色与品质，度假区应引入个人快速交通系统（Personal Rapid Transit，PRT）[74]。PRT线路布设与风雨连廊相结合，根据人行道或绿化带宽度，兼顾周边的建筑空间距离，布设在道路一侧，如图15-12所示。PRT一期服务于湖心岛，二期延伸至东半岛，一、二期线路总长约10 km，初定站点数20个。

（2）水上交通规划

梳理总规和控规中水上交通内外衔接通道，归并"殊途同归"的重合线路。

根据需求确定码头选址和规模，规划大型码头1个、中型码头3个、小型码头3个、VIP码头4个。将控规中湖心岛码头位置调整至渔业码头，承担对外交通衔接功能。各VIP码头间提供按需定制的个性化高端游轮服务。

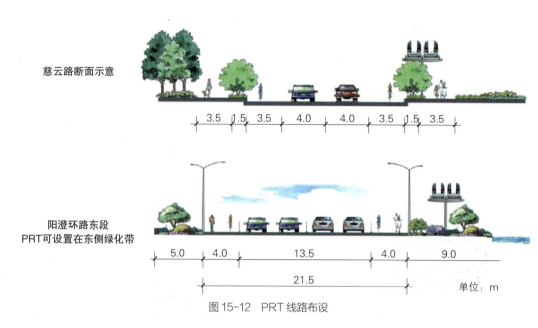

图 15-12 PRT 线路布设

水上交通运营模式:在淡旺季差异化运营的基础上,采用定点、定时班线与个性化预约班线相结合的运营模式。主客流航线采用定点、定时班线,以交通功能为主,兼顾观光休闲,采用售票制,淡季可根据情况停航。小客流航线及旅游淡季的主客流航线,采用个性化网络预约班线,如图 15-13 所示。

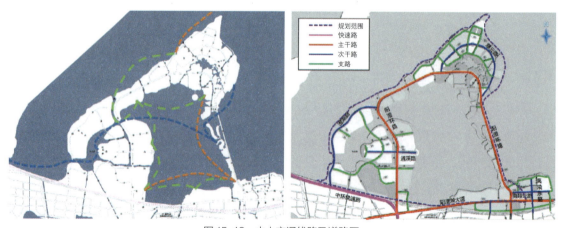

图 15-13 水上交通线路及道路网

(3)道路系统规划

在"一主环+三次枝"的骨干路网架构基础上,结合片区业态功能,构建契合片区功能需求的道路设施,最终形成"三岛联动、外通内达、模式多样"的人性化道路网体系。

(4)完善稳静化设计

通过稳静化措施的实施,降低车速,将通行空间归还行人,为此采用了以下三种措施。

交叉口抬高：把整个交叉口抬高，设置在两条非交通性支路相交的路口，且有大量人行通过的路口，为了减少行人过街危险性，设置"路口抬高"。

路口收窄：该措施利用减小交叉口转弯半径的办法，降低右转车辆的车速，同时使行人过街行程变短，该措施可以跟"交叉口抬高"同时使用。

减速垫：次干路及以下道路人行过街横道处均可设置减速丘、减速台等垂直速度控制措施降低车速；右转车道设计时如有需要也可设置减速垫。

（5）步行系统规划

建立多层次、多类型的人行步道系统，并分为共享网络和休闲网络两个层次。

共享网络：注重安全性和便捷性，结合度假区内市政道路构建，注重慢行空间的安全性、便捷性、连续性。

休闲网络：结合环境打造滨水步道、田园步道等多种主题。以休闲、游览、健身功能为主，主要结合水上堤岸、树林草坪，采用木栈道等生态化的建设形式，形成连续的以亲子休闲健身为主题的休闲公共步道[75]。

（6）自行车系统规划

规划连续、无干扰的自行车道网络。在打通断头路的基础上，加密网络，连通各功能区，提供入户服务。在与主干路相交的节点采用上跨，避免机非冲突。自行车道分为健身道和连通道[76]，如图15-14所示。

健身道：建设标准高，滨水景色优美，可策划形成固定特色线路。例如，路线一全长22km，可作为"挑战线"；路线二全长21km，可作为"环湖线"等。

图15-14　人行步道规划和自行车系统结构规划

图 15-14 人行步道规划和自行车系统结构规划（续）

连通道：连通各功能区，提供入户服务。

自行车道与城市道路相交采用节点上跨的桥梁形式，避免与度假区客、货运交通产生冲突，保障非机动车行驶安全，如图 15-15 所示。

图 15-15 关键节点规划布局

（7）交通服务设施设计

公交站台设计结合片区的建筑、环境风格特点、人群特征，开展创意征集，将公交车站台打造成度假区的新景点，吸引更多人公交出行，如图15-16所示。

图15-16 公交站台设计示意图

室外停车场建设模式选用生态停车场，减少传统停车场建设对生态环境带来的影响、提升环境生态效应。同时，有助于改善停车环境，促进雨水循环利用[77]。

◎ 提升效果

通过枢纽规划及诱导截留交通组织，A类和B类枢纽实现外部截留3635辆，C类枢纽实现内部截留1580辆，内外节流共计5215辆。工作日和周末情境下，度假区各类枢纽容量可承载，工作日枢纽利用效率低于20%，周末枢纽利用效率68.5%，特殊节假日期间，需进一步加大自驾车调控，自驾车比例应控制在38%左右，枢纽利用效率应达到100%[78]。

15.2 景区道路设计优化

15.2.1 南京市夫子庙—瞻园—白鹭洲概况

◎ 基本情况

景区位于城市内部，与周边生活区交融，属于典型的"旅游+生活"地区，如图15-17所示。研究范围为中华路、建康路、长白街、长乐路围合区域，共计89hm²。研究范围内现状用地中，约42.3%属于旅游服务类用地，约57.7%属于生活服务类用地，如图15-18所示。其中包括四个学校，多个大型商业建筑和大型小区。用地类型复杂，景区与城市交融，通道共用，交通情况极为复杂。

图 15-17 夫子庙区位及研究范围

图 15-18 土地利用现状图

城市发展格局已经基本稳定,城市建设以小规模、渐进式更新为主,设施供给提升空间有限。现状保护性用地约占 49.3%,非保护性用地约占 50.7%,未来规划更新用地仅占 1.1%,如图 15-19 所示。

1. **道路设施现状**

景区道路布局较为完善,南、北、西三面北干路围合,范围内支路密布。现状内部支路网(含景区开放性道路)密度为 8.7km/km^2,其中景区道路密度为 2.1km/km^2。景区范围内主要道路有建康路、中华路、长乐路、瞻园路等,如图 15-20 和图 15-21 所示。

景区地处老城,道路设施较为陈旧,部分道路宽度受限,慢行空间较为局促。

2. **停车设施现状**

景区地处老城区,停车压力巨大,配建水平相对较低,停车需求外溢到路边,违章停车挤占市政道路的情况严峻。夫子庙地区目前通过价格杠杆,提高收费抑制小汽车出行需求取得一定效果,进出夫子庙且停车时长 ≥ 30min 的汽车,平均仅为 100 辆 /h。

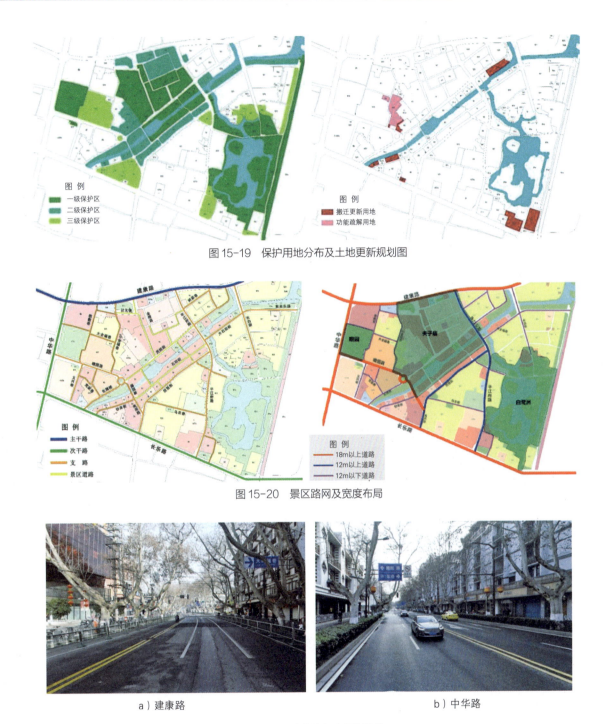

图15-19 保护用地分布及土地更新规划图

图15-20 景区路网及宽度布局

a）建康路　　　　　　　　　b）中华路

图15-21 建康路和中华路现状

3. 交通运行现状

夫子庙景区是主要客流吸发点，共设置了东牌楼和西牌楼两个主要出入口。客流主要通过瞻园路、平江府路、东牌楼巷和钞库街进出景区。其余道路主要为生活性道路，供片区居民通行，并设置了多条单行道路，以设置居民区停车位。

受景区分隔影响，部分道路承担生活与旅游双重功能，交通需求多而杂，导致组织秩序混乱。瞻园路由于缺乏分流通道，同时承担旅游大客车上落客和上下学接送等功能，交通矛盾最为突出，如图 15-22 所示。

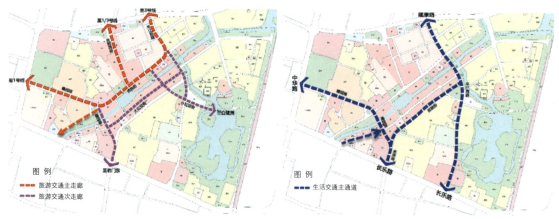

图 15-22　现状旅游及生活交通走廊

4. 现状问题分析总结

（1）步行出行为主，但步行设施条件差、不成体系

夫子庙日均接待游客数量十余万人，最高峰客流可达三十余万人。夫子庙与周边景点的距离均在 1km 以内，经调查发现，90% 以上的旅客主要以步行的交通方式游览景区，对景区步行环境提出了较高的要求。

（2）停车设施不足，违停、随意上下客现象难根治

景区停车需求大，可利用土地少，停车矛盾突出，停车配建严重不足，景区大客车临时上下客停车点均为沿路设置，私家车、出租车在景区正门随意上下客行为屡禁不止，严重影响路内行车秩序

（3）交通流复杂，道路功能重叠导致高峰拥堵

景区地处老城，片区内有医院、学校、大型住宅小区等大型客流吸引点，高峰期间道路交通流成分复杂，大客车、出租车、非机动车及行人互相干扰。

◎ 交通需求分析

1. 项目发生吸引交通量

夫子庙—白鹭洲景区日游客容量 7.85 万人次，日极限游客容量 12.9 万人次。2018 年夫子庙平峰日均游客量约 10 万人次，最高峰达到日客流量 60 万人次。

2. 研究区域背景交通量

目前景区交通主要出行方式有大客车、出租车、私家车、非机动车和公交转步行五种，其中非机动车基本全部为居民和商户出行，公交转步行为旅游交通的主要出行方式，旅游大客车和出租车临时上下客对景区交通影响较大。景区及周边城市建设较为完善。

3. 交通量预测

在背景交通量基础上叠加景区未来客流增长带来的新增交通量，分配道路网上，可以预测未来景区周边道路交通量及饱和度情况，如图 15-23 所示。

图 15-23　景区背景交通量及晚高峰人流预测

15.2.2 优化设计要点及提升效果

◎ **优化设计要点**

1. 优化思路

夫子庙地区近期增量提升空间有限，需要在现有条件的基础上，面向不同街道"功能+需求"制定针对性治理策略，实施交通精准治理。按照"以人为本、疏堵结合"原则，将片区道路划分为四级功能体系，分类制定交通控制策略，如图 15-24 所示。

图 15-24　夫子庙景区道路功能分类示意

2. 瞻园路（中华路—东牌楼）交通组织优化方案

现状瞻园路断面分为两段，西侧 A 段路北侧的人行道较为局促，步行体验极差，游客利用机动车道行走现象普遍[79]，如图 15-25 所示。

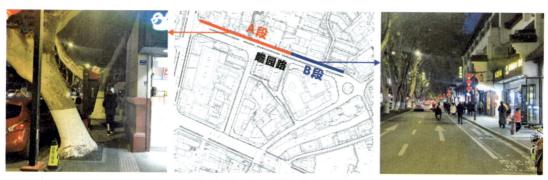

图 15-25　瞻园路慢行道分段现状

针对瞻园路提出两套优化方案。

方案一：瞻园路北半幅道路全部调整为人行步道，机动车采取由西向东单向交通组织。将瞻园路由原来的双行改为单行，将一半的道路设置为步行和非机动车空间，将使瞻园路慢行空间由原来的 1m 增加至 8.5m，如图 15-26 所示。

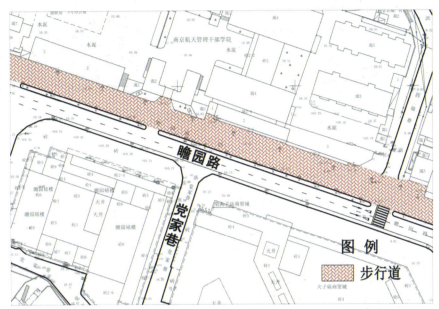

图 15-26　瞻园路步行道改善方案一

方案二：将北半幅道路由机动车双车道调整单车道 + 应急车道，并拓宽 1.5m 步行空间。该方案保留了机动车双向通行，适当增加慢行空间，如图 15-27 所示。

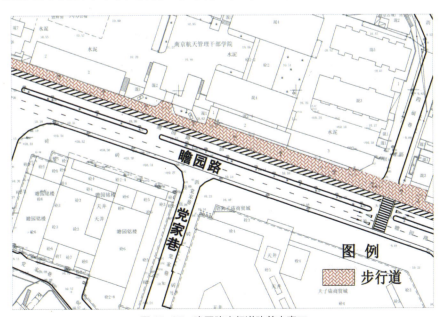

图 15-27　瞻园路步行道改善方案二

3. 平江府路（琵琶街—小石坝街）交通组织优化方案

平江府路串联轨道站点—夫子庙—白鹭洲。道路两侧步行道宽度极其狭窄（不足1m），行人通行空间局促，压迫感较强[80]，如图15-28所示。

图15-28　平江府路慢行道分段现状

平江府路现状单车道宽5m/7m，缺乏机非分隔措施，机非混行存在安全隐患。结合平江府路北段东侧非机动车停车带，采取单侧双向设置非对称式机非隔离，该方案利于分离景区交通与生活交通，便于非机动车停车，如图15-29所示。

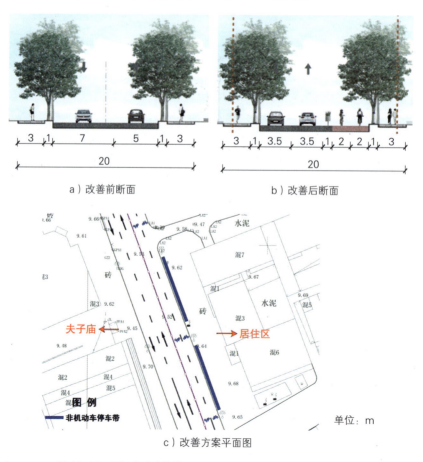

图15-29　平江府路改善前后断面对比及平江府路改善方案平面图

4. 非机动车交通组织优化方案

景区内部商户以通勤出行为主,通行需求小,停放需求大,人非混行影响步行体验。目前,瞻园路南侧和平江府路两侧停放问题突出[81]。

利用周边道路分流疏解,瞻园路(义兴巷—钞库街)禁止非机动车通行和停放,如图 15-30 所示。

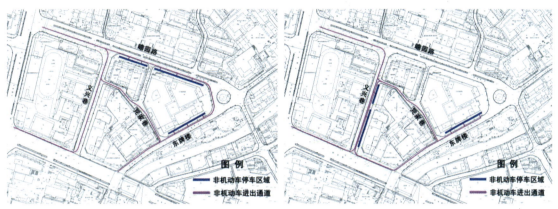

图 15-30　瞻园路南侧非机动车停车改善前(左)后(右)对比

5. 社会车辆/出租车交通组织优化方案

车辆违章占道停车、临时上落客现象普遍,道路通行效率低导致偶发性拥堵。在中华路、建康路、平江府路、长乐路及其合围区域设置网约车电子围栏,严禁网约车驾驶人在此违法停车上下客、严禁车辆在停车场出入口排队等候。

在建康路(三山街地铁站至平江府路)、平江府路(琵琶街—建康路)、瞻园路、钞库街、琵琶街、乌衣巷加装电子监控,加强对出租车、私家车违停及违规上下客的管理。由于电子围栏的设置,网约车载客行为外溢电子围栏范围周边的主干道应加强管理,加装监控,主要道路有中华路上下游路段、建康路上下游路段、长乐路上下游路段、太平南路、箍桶巷等,如图 15-31 所示。

在景区内设置临时上下客泊位,供出租车、网约车临时上下客,规范景区道路秩序。初步选点六处,其中平江府路 2 处、长乐路 1 处、义兴巷 1 处、建康路 2 处。

6. 学校交通组织优化方案

结合瞻园路单向/双向交通组织改善方案,针对夫子庙小学提出上下学限时泊位布局方案,允许接送学生车辆在上下学期间临时停放,如图 15-32 所示。

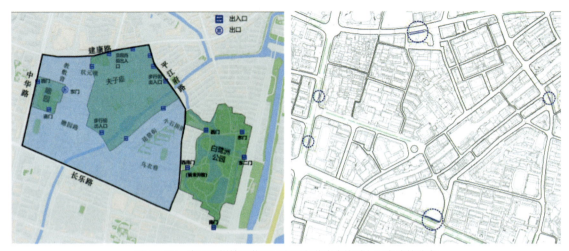

图 15-31　电子围栏管理范围及出租车港湾式临时上下客泊位分布

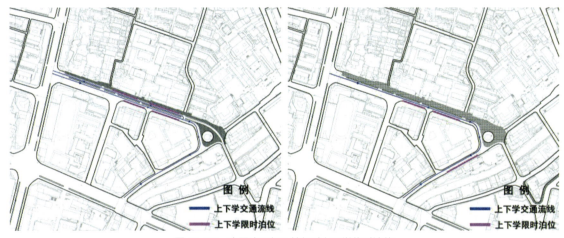

图 15-32　瞻园路双行及单行时上下学临时泊位

7. 来燕路—琵琶街交叉口交通组织优化方案

该交叉口是来燕路衔接景区的交叉口，现状空间分布较乱，车辆行驶不规范，交叉口空间分配不合理，交通运行处于无序状态。结合瞻园路单行和双行方案，分别对该交叉口进行交通组织优化，细化交通标线，明确空间分配，保障各交通方案的出行空间，如图 15-33 所示。

8. 旅游大客车交通组织优化方案

大客车长时间占道停车候客，高峰排队反堵瞻园路，影响交通秩序[82]。

改善方案一：在现状上落客区和流线基础上，优化大客车停靠组织，并将车候客改为客候车，如图 15-34 所示。

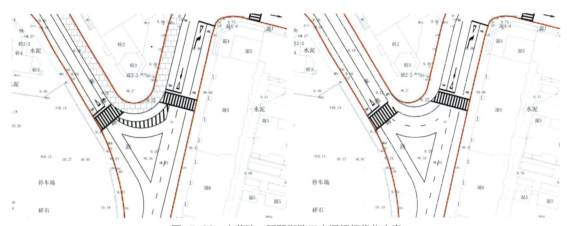

图 15-33　来燕路—琵琶街路口交通组织优化方案

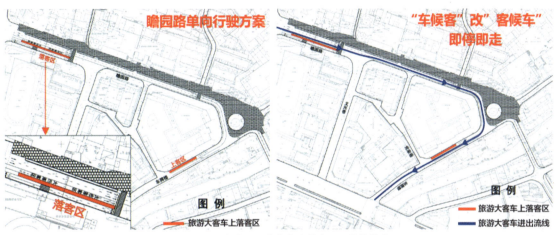

图 15-34　方案一：大客车上落客区及流线优化

改善方案二：充分利用义兴巷—党家巷道路资源，将大客车上客区前置，与落客区一体化设置，如图 15-35 所示。

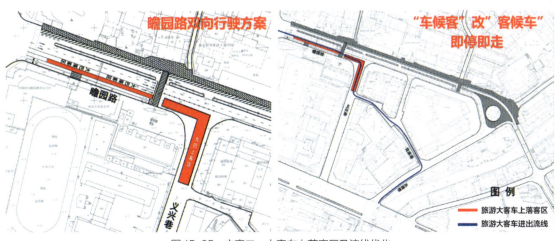

图 15-35　方案二：大客车上落客区及流线优化

◎ 提升效果

交通组织优化后，各路段功能明确，停车行为规范，交通管理有序，整体饱和度略有降低，景区交通与生活交通从时空上均有所分离，游客出行品质和体验有所提高，取得了较好的效果，如图15-36所示。

图15-36　瞻园路单行方案下路网饱和度

本次优化组织方案仅从道路空间分配、交通组织形式、交通管理措施等方面着手进行优化，只能在短期内取得一定成效，大客车、私家车、游客集散等问题缺少设施支撑，需要未来结合城市更新进一步优化。

第 16 章

大型活动交通组织优化设计实例

Chapter Sixteen

16.1 大型体育赛事周边及内部交通流组织优化

16.1.1 南京青奥会概述

◎ 基本情况

2014 年南京青年奥林匹克运动会于 8 月 16 日至 28 日召开,设 28 个大项、222 个小项,有 204 个国家的 3787 名运动员参赛。根据南京青奥组委赛程安排,8 月 19 日—8 月 20 日是青奥会赛事高峰期,每天各有 19 个大项比赛,交通组织压力较大。

南京青奥会交通组织,采取以青奥班车服务(CSS)和城市公共交通(PT)为主,以预先规划交通服务(PPS)为辅,以合乘车服务(PVS)为补充的方式。在高效满足赛会各项活动交通需求的同时,也为来自世界各地的运动员、客户群提供了交流互动的平台。

按照青奥会场馆分布及赛程安排,开、闭幕式在南京市奥林匹克体育中心举行。如图 16-1a 所示,比赛场馆主要分布在"三大场馆区",分别是"奥体中心区""人文风景区"和"江宁体育中心场馆区"[83]。青奥村和官方指定酒店则集中了大部分国际奥委会大家庭、各国家/地区奥委会、国际单项体育联合会、注册媒体等人员,将成为青奥会期间最主要的交通源,如图 16-1b 所示。下面主要对南京市域范围内举办的青奥会的各项活动进行交通组织规划。

1. 南京道路交通现状

近几年来,特别是为筹办亚青会和青奥会,南京城市道路建设和交通管理有了长足发展,取得了很大成绩,但是在汽车化迅猛发展的冲击下,城市交通面临的形势日益严峻,主城区交通拥堵日益严重,特别是河西,跨秦淮河通道交通负荷较高。

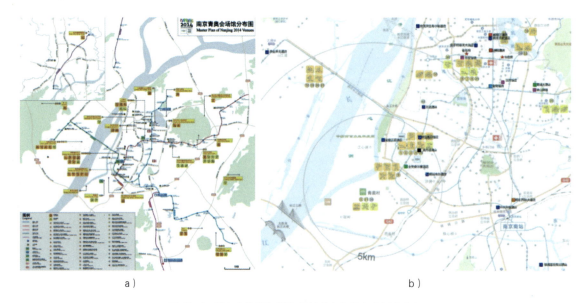

图 16-1 青奥会比赛和训练场馆分布和青奥会酒店分布

2. 场馆周边公共交通现状

（1）地铁

如图 16-2 所示，青奥会的场馆中，IOC 酒店（河西雨润涵月楼酒店）、奥体中心、国际博览中心、玄武湖公园铁人三项赛场、南京体育学院、中国网球学院、方山、江宁体育中心、青奥体育公园、金牛湖帆船赛场等均在地铁站点周边 3km 覆盖范围内。

图 16-2 青奥场馆周边地铁线路分布

（2）公交

2013年，南京公交运营线路508条，运营线网总长度8143.4km，截至2013年底，南京市公交车专用车道为42条，车道长度达165.36km。市区公交线路覆盖所有青奥会场馆（场馆与公交站点距离500m以内）。

◎ **交通需求分析**

南京青奥会交通需求的人员构成及特点如下。

1. 国际奥委会客户群（IOC）

这部分人员出行的随机性较强，出行范围较广，包括观赛、访问青奥村、竞赛训练场馆以及各类青奥会官方设施等，对交通服务的灵活性要求较高。

2. 国家/地区奥委会（NOC）

运动员和随队官员需要在他们参加的项目开始前提前到达南京，按照赛程参加训练和比赛。其他官员的交通出行特性与IOC客户群类似，交通出行的随机性较大，需要提供多方式灵活的交通服务。

3. 国际单项体育联合会（IF）

国际单项体育联合会（IF）客户群中，国际单项体育联合会代表（国际技术官员）是主要组成部分，这类客户需要根据赛时安排执裁比赛，对交通的安全、准时、畅达性要求较高。他们需要在赛前提前到达场馆，同时，赛后可能会有发布会、技术会议等。其他IF客户交通出行活动包括参加技术会议、观赛、访问场馆和青奥村、参加其他活动，交通出行的随机性较大。

4. 媒体客户群

媒体客户群交通出行的时间和空间范围都比较广泛。同时，由于直播和截稿时间的缘故，他们的工作呈现出24小时换班制，昼夜皆有出行需求。

5. 青奥组委工作人员

青奥组委邀请嘉宾出行的安全性和准时性要求较强，对交通服务要求较高；国内技术官员（NTO）出行特性与国际技术官员相似，需要根据赛时安排执裁比赛，对交通的安全、准时、畅达性要求较高，需要赛前提前到达场馆，同时，赛后可能会有发布会、技术会议等；工作人员和安保人员的工作时间长、强度大，一般出行具有"早出晚归"的特点，同时，根据其服务的官方设施及客户群需求，出行的随机性也较强。

16.1.2 优化设计要点及提升效果

◎ **常规赛事交通组织优化设计要点**

1. 青奥班车服务（CSS）系统

（1）系统概述

青奥班车服务英文全称 Common Shuttle Service，简称 CSS，是青奥会交通系统的主要方式，分为青奥会班车（Y 线）和城市班车（C 线），如图 16-3 所示。CSS 服务于运动员及随队官员、各国家地区奥委会、国际奥委会、国家单项体育联合会、国内外技术官员、文化教育合作伙伴、媒体（包括主转播商）、赞助商等，以及除工作人员和志愿者之外的所有注册客户。以上注册客户凭身份注册卡免费乘坐。CSS 的服务时间为：2014 年 8 月 10 日（青奥村预开村日）至 8 月 30 日（青奥村闭村日）。

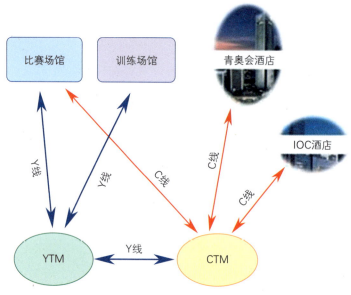

图 16-3 南京市现状公交车专用车道 CSS 系统交通服务方式

（2）线路设置规划方案

为了保障青奥会官方设施之间的快速连通，青奥会班车系统设置两个枢纽站，CSS 设置两个系统，分别为青奥会班车和城市班车。青奥会班车：Y 线从青奥村或奥体中心换乘站往返所有比赛场馆（金牛湖帆船赛场除外）。城市班车：C 线以城市班车站为中心，连接大多数首选酒店和场馆，并可通过奥体中心与 Y 线进行换乘。

青奥会班车，英文全称 YOG Shuttle，简称 Y 线，线路如图 16-4a 所示。线路主要从青奥村出发，根据各场馆承担赛事情况，连接一个或两个竞赛训练场馆。从青奥村出发共规划设计 10 条线路，线路编号 Y1-Y10。Y1-Y9 连接竞赛训练场馆（有安保封闭线），线路站点均设置在青奥村或场馆的安保封闭线内；Y10 连接独立训练场馆（无安保封闭线），线路站点设置在非安保区域。

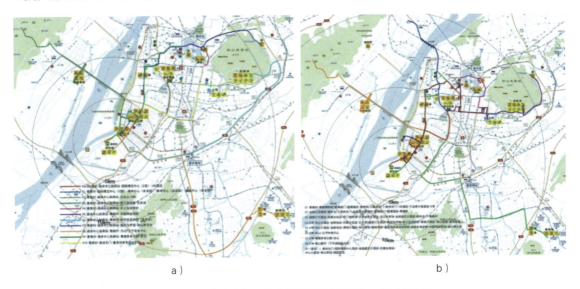

图 16-4　青奥会班车 Y 线主用线路和青奥班车 C 线主用线路

为方便入住 IOC 酒店的国际奥委会客户使用 CSS 系统，规划一条环形线路 Y0，连接 IOC 酒店、奥体中心、国际博览中心。由于 IOC 酒店和青奥村、竞赛场馆一样均设置安保封闭线，故 Y0 线路的所有站点均设置在安保封闭区内。

城市班车 C 线以城市班车站为出发点，共规划 9 条线路，线路编号 C1-C9，线路如图 16-4b 所示。其中，C1-C8 是日间线路，连接城市班车换乘站、首选酒店和场馆，线路站点均设置在青奥村或场馆的安保封闭线外，乘客需要在下车后通过安检进入到安保封闭区内；C9 是夜间线路，考虑到媒体的工作呈现出 24 小时换班制，昼夜皆有出行需求，专门设置一条夜间线路，连接主媒体中心和 6 个媒体酒店，方便媒体人员出行。

2. 预先规划的交通（PPS）系统

（1）系统概述

预先规划的交通服务，英文全称 Pre-Planed Service，简称 PPS，是青奥会交通交通系统的重要服务方式，辅助 CSS 系统形成完整的班车服务，具体服务内容见表 16-1。

PPS 设置目的是针对可以预先规划的、非常态的交通需求提供交通服务，这类交通需求不需要提供不断发车的班车，因此，采用 PPS 系统提供直接从起点到终点的专门交通服务。

表 16-1　提供 PPS 服务的活动名称及服务内容

项目编号	活动名称	提供交通服务
1	集体项目或偏远场馆	从青奥村到指定场馆的点对点交通服务
2	开闭幕式	从各类客户群驻地到开幕式场馆（奥体中心）交通服务
3	抵离服务	从官方口岸到驻地的交通服务
4	文化教育活动	参加活动人员驻地到活动场地的交通服务
5	IF 代表会议	IF 代表驻地到会议场地的交通服务
6	模范运动员集体活动	参加活动人员驻地到活动场地的交通服务
7	技术官员赴场馆执裁	从技术官员驻地酒店到执裁场馆的点对点交通服务
8	接驳班车	青奥官方设施与邻近地铁站之间的交通服务

（2）规划方案

- 集体项目或偏远场馆的比赛、训练

提供 PPS 服务的有足球、手球、曲棍球、橄榄球四类项目，这四类项目都是集体项目，竞赛和训练都呈现出集体出行的特点，出行规模较大、时间集中，且出行时间可以根据竞赛和训练日程严格控制，因此，向这类集体项目提供 PPS 服务，如图 16-5 所示。

图 16-5　集体项目、偏远场馆 PPS 服务线路

提供 PPS 服务的偏远场馆有金牛湖风景区帆船赛场、老山自行车赛场。这两个场馆都位于南京的外围区域，距青奥村分别为 74km、21km。同时，这两个场馆各仅有一个项目，即帆船和自行车，交通出行需求量较小。因此，为这两个场馆的竞赛和训练提供 PPS 服务。

集体项目或偏远场馆的 PPS 服务方式：根据竞赛和训练日程，提前制定 PPS 车辆的需求规模，安排车辆在指定时间和地点（青奥村）等候，将客户运送到指定场馆；等候客户竞赛或训练完毕，将客户群运送回青奥村。

- 开闭幕式

参加开闭幕式的客户群种类基本涵盖了所有注册客户群，同时，还有约 3.5 万名观众，共计约 6 万人参加开幕式，5 万人参加闭幕式。开闭幕式交通服务需要将所有客户群在指定时间内，从驻地有序运送至开闭幕式场馆（奥体中心）；并在开闭幕式结束后，安全、迅速地将客户疏散至其驻地。开闭幕式的交通流具有大量交通瞬间集中、瞬间疏散的特点。同时，开闭幕式安保要求较高，所有客户群进入场馆都涉及安检问题，在交通组织过程中需要与安保部门充分协调合作。

根据客户群特点，将采用三大类交通方式完成整个开闭幕式的交通服务。

1）采用预先规划的交通，安排由驻地到开闭幕式场馆的车辆，服务的客户群包括：嘉宾、NOC、IF、IOC、媒体、国内技术官员。这几类注册客户群在驻地乘坐 PPS 车辆到达场馆，并在开闭幕式结束后乘坐原车辆返回驻地。

2）采用城市公共交通（包含临时开通的公交线路）、预先规划交通提供服务，服务的客户群包括：工作人员、安保人员、志愿者。这几类人员绝大部分为南京本市人口，驻地为非青奥会官方设施，较为分散。交通服务采用公共交通服务为主的交通方式，凭借注册证件可免费乘坐南京城市公共交通；同时，志愿者客户群主要为南京各大高校学生，驻地较为集中，采用预先规划交通服务，提供从学校到开闭幕式场馆的 PPS 班车服务。

3）采用城市公共交通（包含临时开通的公交线路）提供服务，服务的客户群为观众。观众客户群来源极为分散，开闭幕式结束后疏散压力极大。因此，采取了临时增加疏散公交班线、增加地铁发车频率的方式，快速有序疏散观众。

- 抵离服务

南京青奥会官方指定接待口岸为南京禄口国际机场，官方指定接待点为铁路南京站、南京南站。客户群抵达时间较为分散，其中 8 月 10 日 –8 月 15 日为抵达高峰期，其余时间也有注册客户陆续抵达。不同于奥运会等赛事，青奥会要求运动员不能分散离开，需在青奥会闭幕后统一离开，因此，闭幕式结束后 1~2 天为离返高峰期，交通客流压力较大。

在 2014 年 8 月 10 日 –8 月 15 日，为抵达南京官方指定接待口岸（南京禄口国际机场）和官方指定接待点（铁路南京站、铁路南京南站）的注册客户提供班车交通服务，在此时间以外抵达的注册客户，根据注册客户抵达信息采用预先规划交通服务。南京禄口国际机场、铁路南京站、铁路南京南站各设 9 条班车线路，发车频率为 30min 一班；服务时间为每日的 09：00-23：00。班车线路覆盖了青奥村和所有的首选酒店。

在 2014 年 8 月 29 日 -8 月 30 日，提供青奥村至官方抵离口岸的班车服务，在此时间以外离开的注册客户，根据注册客户离开信息采用预先规划交通服务。除此之外，首选酒店的客户群离开时间较为分散。交通服务利用在各酒店设置的交通服务台收集客户离开信息，提供预先规划交通服务，车辆提前就位等候，将客户从驻地运送至官方口岸。

- 文化教育活动

文化教育活动主要包括各国代表团间的文化交流、体育启蒙活动。活动项目主要有森林探险、生态农业、明城墙探秘、体育展演，活动地点分别为：江浦老山森林公园、鸡鸣寺台城、江浦"社会实践行知基地"、鱼嘴湿地公园体育实验室。

文化教育活动的交通服务对象为各国代表团的运动员及随队官员，为他们提供从青奥村至文化教育活动场馆的预先规划交通服务。服务方式有两种，一是提供青奥村到相应活动场馆的班车服务；二是提供预约车辆服务，满足其前往活动地点的交通服务。PPS 共设置了 4 条文化教育活动（含体育展演）班车线路，根据活动安排各项目发车时间，负责活动开始前将运动员及随队官员送至活动场地，活动结束后接其回青奥村。

- 代表会议

技术会议将在青奥村或竞赛场馆举行，按照交通服务方式，在无 CSS 覆盖的酒店、场馆将采用 PPS 系统抵达青奥村或竞赛场馆。

- 模范运动员集体活动

根据模范运动员集体活动的日程安排，将参加活动的注册人员从驻地运送到活动地点，并在活动结束后，将客户运送回驻地。

- 技术官员赴场馆执裁

技术官员最主要的交通活动为赴场馆执裁，为了便于交通组织，技术官员入驻酒店采取就近原则，将各项目技术官员都安排在其所执裁场馆附近的酒店。

青奥组委交通服务为了保障技术官员能够安全、顺畅、快速地到达执裁场馆，提供了专门的 PPS 执裁班车（F 线）。PPS 执裁班车根据赛程安排，提前安排车辆在技术官员驻地酒店等候，按规定时间将技术官员运送至执裁场馆，并在赛事结束后将技术官员运送回驻地酒店。

- 地铁接驳班车服务（J 线）

为了充分贯彻青奥会"绿色节俭"的理念，青奥交通组织规划过程中充分利用城市现有公共交通系统，规划设置了青奥官方设施与邻近地铁站之间 5 条接驳班车，提供场馆与地铁间的接驳班车服务。青奥会所有注册人员可凭注册卡享受接驳班车服务。

3. 合乘车（PVS）系统

合乘车服务为国际奥委会（IOC）、国际单项体育联合会（IF）、各国家/地区奥委会（NOC）等持有合乘车证的注册客户群提供合乘车出行服务，是对青奥班车服务和预先规划交通服务的补充[84]。

合乘车服务遵循以下原则：只提供单程服务，不等候客户返程；只提供即时服务，不提供预约服务，在申请服务成功的30min内提供合乘车服务；每位持有合乘车乘车证的人都有权使用合乘车；合乘车可在青奥村、竞赛场馆和首选酒店等处的交通服务台进行申请；申请时须同时出示合乘车证和南京青奥会身份注册卡；每辆合乘车最多可乘坐四人，其中至少一人须持有合乘车证。

根据团体规模分配相应的合乘车证。合乘车证由交通运行中心团队设计，报青奥组委和IOC确认后制作，8月9日（预开村前）由交通运行中心团队与IOC、IF、NOC的主责部门签订统一的格式协议，同时将合乘车证交给相应的主责部门，由主责部门统一发放。

4. 城市公共交通（PT）系统

（1）系统概述

城市公共交通服务，英文全称Public Transport，简称PT，它和CSS系统一起构成青奥交通系统的主体。PT系统服务于所有注册客户群，包括NOC、IOC、IF、媒体、南京青奥组委以及观众。所有注册客户群凭借身份注册卡免费乘坐PT系统，观众凭借当日门票免费乘坐。CSS的服务时间为：2014年7月16日至8月31日。

（2）规划方案

- 轨道交通线路

地铁班车（J线）共5条，提供部分地铁站到邻近场馆的交通服务，所有注册客户凭身份注册卡可免费乘坐，J线的服务日期为8月10日至8月30日。在服务时间内，J1的发车频率为每3min一班，J2、J3、J4、J5的发车频率均为每10min一班，保证赛事期间部分地铁站到邻近场馆的出行需求。

青奥会场馆中，IOC酒店（河西雨润涵月楼酒店）、奥体中心、国际博览中心、玄武湖公园铁人三项赛场、南京体育学院、中国网球学院、方山、江宁体育中心、青奥体育公园、金牛湖帆船赛场等均在地铁站点周边3km覆盖范围内。

- 地面公交

青奥会场馆周边地面公交线网布局广泛，线路覆盖率达100%，公交的服务水平高，能够满足赛事期间观众及工作人员的出行需求，提供了方便、便捷的公共交通出行环境。

为满足青奥期间夜间公交出行需求，新辟公交线路3条，线路长度62km，延伸公交线路1条。其中，延伸线路为807路，线路延伸至青奥村，增加4个公交站点。

- 有轨电车

南京有轨电车有1条线路，线路长7.76km，设有13个站，起于奥体中心东门站，止于秦新路站，其中，与地铁换乘站有4个，如图16-6所示。线路奥体中心东门站服务时间7：30-19：30；秦新路站服务时间6：45-18：45。线路贯穿青奥会的青奥村附近，能够为青奥会期间提供方便、快捷的交通服务，同时，有利于快速集散公交客流。

图16-6 青奥有轨电车

5. 青奥村交通中心

青奥村交通中心，英文全名YOV Transport Mall，简称YTM，位于青奥村西北角，在青奥村运行区内。

YTM分为安保封闭区和非安保封闭区两个部分，其中安保封闭区包括发车区（Y线和PPS）、下客区和备发区；非安保封闭区包括合乘车上落客点（抵达车辆落客点）、城市班车停靠站、地铁班车停靠站和出租车临时停靠点，如图16-7所示。

根据交通组织与管理的要求，对青奥村进行分级管控，以青奥村为核心，交通管控区域由外至内分为交通控制区、交通限行区、安保封闭区。

交通控制区是根据场馆（群）周边路网及交通运行情况，适时对车辆、行人进行引导和分流，确保青奥交通运行优先路权，在赛时根据区域内路网运行情况进行弹性交通管控的区域。在交通控制区内，通过实施对社会车辆的引导措施，实现赛事交通赛时在该区域内的顺畅通行，尤其在赛时集散高峰时段，尽量避免无关交通对赛事交通的影响。在交通控制区与相交或连通道路的入口处设置车辆验证点，以实现权限确认和交通管控功能。场馆（群）的交通控制区域划定必须保障场馆（群）赛时集散交通的路权，但同时也应兼顾减少对附近区域社会日常交通的负面影响。

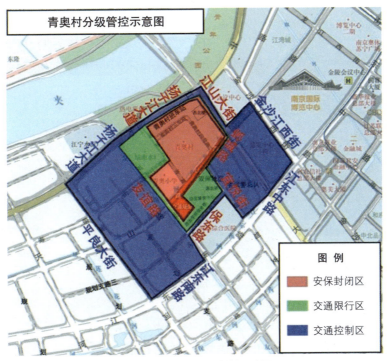

图 16-7 青奥村分级管控示意图

交通限行区位于交通控制区内。通过赛时交通管制，该区域只准许持有青奥会专用车证的车辆通行，是避免社会车辆与青奥会注册车辆混行的区域。在交通限制区与相交或连通道路的入口处设置车辆验证点，同时有安保人员定点检查，以实现权限确认和交通管控功能。

安保封闭区是交通控制区内实施全封闭安全保卫的区域，安保封闭区各主要出入口设置安检点，用于车辆和人员进入安保封闭区时进行安全检查。车辆或人员均须凭青奥会有效证件并接受安全检查后方可进入。安保封闭区安保线区域原则上应涵括场馆建筑及周边功能区；结合交通组织的需要，必要时可将紧邻场馆而位于用地红线外的道路、地面公共停车场、闲置地块等纳入其中。

所有进入青奥村安保封闭线的车辆均从 5 号门进入，6 号门出，如图 16-8 所示。进入青奥村安保封闭线的班车流线和在安保封闭线外扬子江大道辅道上的车辆流线，如图 16-9 中橙色线所示。

图 16-8 青奥村外部交通流线

图 16-9 YTM 交通流线

6. 奥体中心换乘站

奥体中心换乘站，英文全称 Olympic Sports Centre Interchange，简称 OSCI，站点位于奥体中心场馆群内，如图 16-10a 所示。围绕线路运行，为方便客户换乘，选定奥体中心东北角广场区域作为重要的换乘点。奥体中心换乘站是注册客户群在青奥村外的重要换乘枢纽，在此可以搭乘 Y 线和 P 线去往大多数场馆。奥体中心换乘站占地约 14000m^2，建设前道路均为体育中心内部道路。里面包括青奥会班车 Y0、Y2-Y9，预先规划班车 P11 等 10 条线路的运行。

所有进入 OSCI 的车辆均从奥体中心的东侧门（位于江东中路，奥体中心东门北侧）进出，如图 16-10b 中蓝色线条所示。该换乘站外有 Y10、C1、C2、C3（站名为"奥体中心东门站"）、地铁 2 号线（站名为"奥体东站"）等线路停靠，客户需经过安检进入奥体中心换乘站内，才可换乘 Y0、Y1-Y9、P11 线路，客户的换乘步行路线如图 16-10b 中绿色虚线所示。

第 16 章 大型活动交通组织优化设计实例

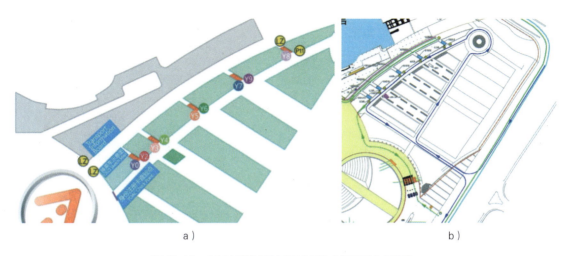

图 16-10 OSCI 线路点位图和 OSCI 交通换乘步行路线

◎ 开闭幕式交通组织优化设计要点

1. 开闭幕式交通服务对象

开幕式于 2014 年 8 月 16 日（周六）20：00-21：30 在南京市奥体中心体育场举行。共有 13 大类注册客户群 10949 人参加开幕式，其中运动员 5900 人。另外，参加开幕式的还有观众 35000 人，服务人员近 10000 人。

闭幕式于 2014 年 8 月 28 日（周四）举行，共有 12 大类注册客户群 8094 人参加闭幕式，其中运动员 5900 人，国际奥委会 480 人，技术官员约 471 人。另外，有大约 35000 名观众参加闭幕式。

2. 交通规划的目标和原则

服务目标：充分考虑客户群的交通特性，进场时畅通、有序地将各类客户送达场馆；保障主要客户群在承诺时间（1h）内完成疏散，开闭幕式交通规划思路如图 16-11 所示。

交通组织原则：观众和注册客户流线分离；注册客户群进退场时空分离，有序进行；服务注册客户群的车辆以大客车为主，中型客车做补充；交通服务时间严格控制，减少客户等待时间。

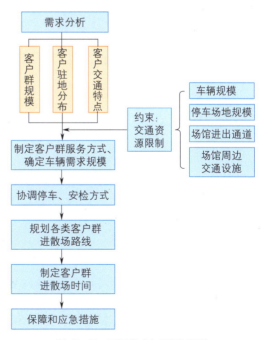

图 16-11 开闭幕式交通规划思路

3. 交通设施现状分析

（1）青奥会开幕式场馆概况

奥体中心位于河西新城中心区，占地面积89.7万 m²，是亚洲仅有的四个A级体育馆之一，如图16-12a所示。其中，开幕式的主场馆为奥体中心体育场，体育场建筑面积约13.6万 m²，看台座位约60000个。

奥体中心共有6个门，4个门与体育场步行距离500m之内，同时开放1个疏散口，与体育场距离380m。

（2）道路交通

奥体中心周边"五横八纵"的主次干道系统，是层次分明、级配合理的方格形路网，对外疏散通道十分畅达，如图16-12b所示。其中，扬子江大道作为南京快速路"井字+环线"的重要一环，能够快速疏散南北向交通；同时，江东路在2013年完成了快速化改造，是联系奥体地区与城中心的重要快速通道。

图16-12 奥体中心位置和奥体中心周边道路网络

（3）轨道交通

南京市共开通1、2、10号线、机场线、宁天城际五条轨道交通线路。1、2、10号线均在奥体中心周边设有站点，实现奥体中心片区与新街口片区、迈皋桥片区、仙林片区、东山片区、江宁片区以及江北片区的快速联通，能够有效汇集和疏散奥体中心客流，如图16-13a所示。

（4）常规公交

奥体周边公交设施建设较为完善，如图16-13b所示，共有8条公交线路停靠站周围9个站点，覆盖龙江片区、盐仓桥片区、莫愁湖片区、夫子庙片区，与轨道交通形成了良好的互补。

图16-13 奥体周边轨道交通设施和奥体中心周边公交站

（5）有轨电车

河西有轨电车将于青奥会开幕前投入使用。它的线路起点位于南京地铁2号线奥体东站区域，主要沿江东路布局，终点位于河西南部的鱼嘴地区，全长约7.76km，与地铁换乘站4个。它可以有效疏散由奥体中心向河西南部地区方向的客流。

4. 开闭幕式各类客户群的服务方式

对于16类客户群，交通服务团队根据其各自交通需求特性，制定了开闭幕式交通服务方案。对于前13类提供预先规划的开幕式交通服务，其余3类提供公共交通服务或其他自行到达的方式。

根据客户服务方式，按照大客车40人/辆，中型客车15人/辆规模测算，共需要270辆双门大客车，160辆旅游大客车，50辆中型客车。同时，服务于志愿者、媒体和观众的班车（公交车）564辆。观众35000人中，散场预计将有2万人通过地铁，1万人通过地面公交方式（含临时公交疏散班车、常规公交、有轨电车），5千人其余交通方式。应急大客车20辆：奥体中心囤积5辆，中胜5辆，五台山5辆，新庄马术馆5辆。应急中型客车（大通）6辆：中胜囤积6辆。

5. 停车和安检场地分析

奥体中心内部共有 6 个停车车场，约有 1790 个停车位（小汽车），折合成大客车约 440 个停车位。以开幕式各类客流的交通需求、安保特性为依据，同类人员集体停车，安保需求较高人员就近停车，保障至少较停车需求上浮 10% 的停车位，保障停车便捷、有序。开幕式注册客户群交通服务方式见表 16-2。

表 16-2 开幕式注册客户群交通服务方式

编号	位置	性质	泊位数
P1	主体育场下架空层	地面停车场	900（小汽车）
P2	体育馆左侧	地面停车场	80（小汽车）
P3	科技中心右侧	地面停车场	200（小汽车）
P4	东门右侧	地面停车场	400（小汽车）
P5	网球馆右侧	地面停车场	60（小汽车）
P6	游泳馆左侧	地面停车场	150（小汽车）
合计			1790

各类人员停车安排如下：IOC 客户群 / 赞助商安保要求较高，进场较晚，就近停车。NOC、IF 主席秘书长 /ITO、NTO/ 展示项目代表安保要求较高，进场较晚，就近停车。嘉宾、国外贵宾进场最晚，停在 P2、P3 小汽车停车场。国内贵宾进场较晚，人数较少，停放在 P6 停车场。媒体人员停车靠近主媒体中心。运动员和随队官员规模较大，相对较早安排进场，停放在 P4 停车场。奥体中心停车场空间分布如图 16-14 所示。

图 16-14 奥体中心停车场空间分布

由于参加青奥会开幕式人员规模约 6 万人，除去工作人员以外的注册人员规模约 1.1 万人，奥体中心现场安检能力受限，无法承受全部安检需求。因此，开闭幕式安检方式采用近远端安检相结合的方式,充分利用既有资源进行安检。安检设施分布:青奥村、IOC酒店、中胜交通场站、五台山体育中心、新庄马术馆、金陵饭店、省政府、市政府、汉府饭店、钟山宾馆、华东饭店、南京国际博览中心会议中心(境外嘉宾)。

6. 各类客户群交通组织

- 运动员及随队官员客户群

运动员及随队官员人数达 6204 人,需要 250 辆大客车,规模较大,分为两处停车场发车:分别为青奥村邺城路停车场和青奥村西停车场。运动员和随队官员在安检线内上车,到达奥体中心后,直接从东侧门进入 P4 停车场。

抵达路线如下。

1)青奥村邺城路停车场—江山大街—江东南路—江东中路(梦都大街路口调头进辅道)—奥体东侧门—奥体中心 P4 北停车场。

2)青奥村西停车场—扬子江大道辅道—平良大街—江东南路—江东中路(梦都大街路口调头进辅道)—奥体东侧门—奥体中心 P4 北停车场。

- 运动员和随队官员流线

模范运动员共有 20 人,驻地在青奥村。开闭幕式交通服务为其配备 1 辆大客车,交通线路如下。

抵达线路:青奥村邺城路停车场—江山大街—江东南路—江东中路—奥体大街—奥体南门—奥体中心 P1B 停车场。

返回线路:奥体北门—梦都大街—江东中路—江东南路—江山大街—青奥村邺城路停车场。

- 赞助商客户群

赞助商客户群共有 160 人参加开幕式,驻地分别在威斯汀酒店和洲际酒店。为其配备 4 辆大客车,客户在酒店上车后到中胜交通场站进行人车安检,集体前往奥体中心。

- NOC 客户群

NOC 客户群共有 816 人,客户群分住三家酒店,金陵饭店 560 人,配车 11 辆;黄埔大酒店 40 人,配车 1 辆,金奥费尔蒙酒店 120 人,配车 9 辆。

其中,金陵饭店客户群在饭店进行人车安检,搭乘安检后的车辆直接前往奥体中心;金奥费尔蒙酒店客户群在酒店搭车前往中胜进行人车安检,安检后集体前往奥体中心;黄埔大酒店只有 40 人,配备 1 辆大客车,直接从酒店前往奥体中心,在奥体中心进行现场安检。

- IF（主席、秘书长、随客、宾客）客户群

IF 客户群共有 280 人，全部入住在金陵饭店，为其配备大客车 8 辆。客户群在饭店进行人车安检，搭乘安检好的车直接前往奥体中心。

- IOC 大家庭成员客户群

IOC 客户群共有 750 人，全部入住在 IOC 总部酒店——雨润涵月楼酒店，为其配备大客车 16 辆。客户群在酒店进行人车安检，搭乘安检好的车（中胜安检）直接前往奥体中心。

- 国际技术官员（ITO）客户群

ITO 客户群共有 872 人，入住在玄武饭店、世茂滨江希尔顿酒店、万达酒店、珍宝假日酒店、银城皇冠假日酒店、鼎业开元酒店、苏宁银河诺富特酒店、阿尔卡迪亚酒店 8 家酒店。客户群搭乘车辆直接前往奥体中心，车辆停在奥体中心门外梦都大街 P9-2 停车场，客户群下车现场安检进入场馆。

- 国内技术官员（NTO）客户群

NTO 客户群共有 1300 人，入住在新城商务酒店、中兴和泰酒店、银城皇冠假日酒店、鼎业开元酒店、金陵江滨酒店、阿尔卡迪亚酒店、索菲特银河大酒店、黄埔大酒店 8 家酒店。客户群搭乘车辆直接前往奥体中心，车辆停在奥体中心门外梦都大街 P9-2 停车场，客户群下车现场安检进入场馆。

- 媒体客户群

媒体客户群共有 1358 人，其中 200 人采用 PPS 交通方式，直接从酒店前往奥体中心；其余人员由于有其他工作任务，分散入场，采用媒体班车的形式完成交通出行。

采用 PPS 的 200 位媒体人员入住在御苑宾馆、钟山宾馆、中心大酒店、凤凰台饭店 4 家酒店。客户群在酒店乘车前往中胜交通场站进行人车安检，集体前往奥体中心。

- 国内贵宾客户群

国内贵宾客户群共有 800 人，分别在省市政府及华东饭店、钟山宾馆、汉府饭店集合。共为其配备大客车 12 辆，中型客车 32 辆。车辆分别在五台山和新庄图书馆进行车辆安检，安检完毕后车辆前往客户群驻地等候，用户在驻地安检后上车直接前往奥体中心。

- 4 个展示项目（攀岩、轮滑、滑板、武术）IF 代表客户群

展示项目客户群共有 126 人，入住在明发国际大酒店，为其配备 3 辆大客车，客户在酒店上车后直接前往奥体中心，车辆停在奥体中心门外梦都大街 P9-2 停车场，客户群下车现场安检进入场馆。

- 专场志愿者客户群集疏运方案

专场志愿者共有 1285 人，分别来自南京航空航天大学、南京大学、南京师范大学、南京理工大学、南京农业大学，共为其配备 44 辆公交车，车辆将志愿者运送至奥体东门，志愿者下车后现场安检进入奥体中心。

- 观众客户群

观众客户群规模约 35000 人，交通集中和疏散是一项巨大的挑战。在交通组织的过程中，尽量减少机动车的通行，以奥体中心为中心，划分三个层次的管控区域，减少社会车辆的干扰。

鼓励观众采用公共交通方式到达开幕式场馆，观众持开幕式门票可以免费乘坐公共交通，包括地铁、常规公交、有轨电车。同时，为了在散场时快速疏散大量观众，设置观众疏散班车线路，散场时在观众出入口（奥体东门、西便门）集结，人满即走。开幕式管控区范围如图 16-15 所示。

图 16-15　开幕式管控区范围

◎ 提升效果

青奥交通运输指挥中心、交通运行中心团队在青奥组委和市委、市政府的领导下，围绕参加青奥会的运动员及随队官员、国际及各国家/地区奥委会官员、国际单项体育联合会及技术官员、媒体、赞助商、工作人员以及志愿者等七大客户群约 10 万人，精心组织、周密安排，圆满完成了青奥会期间抵离、开闭幕式、比赛训练、文化教育、参观游览等活动的交通服务，做到了平稳、有序、无事故、优质服务无投诉。

16.2 体育场馆综合交通组织优化

16.2.1 深圳市福田区体育场馆概况

◎ 基本情况

体育场馆是职业体育赛事以及观赏性体育最重要的物质基础和承载者。当前，深圳市福田区体育场馆发展面临以下问题：体育需求大，体育设施少，需求逐年上升、供给难以满足；现有体育场所层次低、复合需求难以满足。

福田体育产业转型需要实现：体育产业链条化、多样功能复合化。整个体育产业围绕体育赛事的运营展开，通过对赛事、场馆、服务、媒体、资源等进行运筹、谋划和优化配置，实现产业链条延伸化、功能复合化。鉴于此，需要对深圳市福田区体育中心进行重建。重建之后的体育中心应具备以下三项功能：体育运动功能；体育培训功能；文化产业功能，目标定位为深圳文体产业转型新标杆、福田民生工程改善新示范。

基地位于深圳市福田区滨河地区，北面至赛格广场，联通华强北商业步行街，南至南园路，东至华发南路、西至华强南路，规划范围10499m²，如图16-16所示。周边有深南大道和华强南路等重要的城市道路。基地紧邻华强北，是福田城市发展副中心区，商业办公用地集中，有著名中国电子商业街华强北步行街、华强广场、赛格广场，以及西侧世贸广场等。对比周边高强度开发，基地现有的容积率仅为0.6，珍贵的土地资源需要更加集约利用。

图16-16 规划范围

1. 道路网

所在片区(深南路—华强南路—南园路—华发南路围合区域,面积约 0.6km²),如表 16-3 所示,分析道路网密度指标,并与《深圳市城市规划标准与准则》(简称"深标")进行对比。可以看出片区次干道等级以上道路密度均满足"深标"要求,而支路密度不足。

表 16-3 周边道路网主要指标

道路类型	里程/km	路网密度/(km/km²)	"深标"要求/(km/km²)
快速路	1.0	1.67	0.4~0.6
主干道	1.6	2.67	1.2~1.8
次干道	1.6	2.67	1.6~2.4
支路	2.2	3.67	5.5~7.0

2. 轨道交通

体育场馆周边已经建成 1 号线、7 号线两条轨道线路,站点包括华强南站、华强路站和科学馆站。其中,体育馆与这三个站点的距离分别约 100m、450m、600m。根据轨道站点客流量数据,高峰期华强路站和科学馆站客流量较大,华强南站尚有较大剩余承载能力。

3. 常规公交

公交场站:华强北地铁公交接驳站,1500m²,运营 3 条线路;科学馆地铁公交接驳站:3000m²,运营 3 条公交线路。

公交线路:主要集中在深南大道,共计约 40 余条线路。

公交站点:南园中站紧邻体育馆,通过性公交线路 8 条;其余主要站点包括上海宾馆(21 条线路)、上海宾馆东(11 条线路)、兴华宾馆西(15 条线路)。

4. 慢行交通

南园路和华发南路的步行道和自行车道混用,宽度约 3~5m,且大量自行车占用慢行道停放,影响行人通行。总体上看周边慢行交通环境较差。

5. 交通运行情况

南园片区岗位集中,片区客流集散困难,导致交通拥堵。南园、华强北及周边片区拥堵时长超过 2h,是全市拥堵最为严重的地区;从近年来拥堵时长变化来看,南园片区拥堵时长年均增长超过 25min,片区拥堵不断加剧。

晚高峰,滨河大道和深南大道西往东方向、华强南路南往北方向,交通拥堵已经常态化；另外，由于华发南路道路条件差，极易发生拥堵现象。

◎ 交通需求分析

1. 背景交通量预测

背景交通量主要考虑自然增长和因片区其他开发项目新增两部分。从其他开发项目来看，片区正在建设佳兆业环球中心将新增部分交通需求；从自然增长来看，考虑小汽车限购政策实施以及轨道交通加快建设，未来新增小汽车流量不大，预计较现状增长 1.09 倍，周边主要节点平均饱和度由 0.75 增加到 0.78。

2. 交通需求预测

1）交通出行总量：根据设计方案，体育馆内观众座位数 1750 个，训练人员数 2455 个，学位数 4878 个，共计可同时容纳 9083 人。工作日晚高峰（非体育场馆出行高峰），按照满载 30%，即 3025 人考虑。

2）交通出行分布：片区未来交通出行主要分布在福田区，约占总量的 82%，其中往八卦岭、红岭等周边片区比例占到 29%；往梅林、景田、新洲等方向约占 45%，如图 16-17 所示。

图 16-17　交通出行空间分布

3）交通方式划分：从全方式交通出行来看，由于体育馆重点服务地区基本分布在片区 5km 范围内，适合非机动化出行，借鉴类似地区经验，预测片区慢行交通占出行总量的 45%；从机动化出行结构看，随着小汽车限购、轨道交通加快建设，以及路内停车收费等交通需求管理措施出台，未来机动化出行以公共交通出行方式为主，预测公共交通占机动化出行80%（含轨道交通、常规公交、出租车，其中轨道交通占60%）。

各种交通方式客流量预测结果见表16-4。

表16-4 交通方式客流量预测

	轨道交通	常规公交	出租车	小汽车	其他	合计
分担率	60%	15%	5%	17%	3%	100%
客流量/人次	1815	454	151	514	91	3025

16.2.2 优化设计要点及提升效果

◎ **优化设计要点**

1. 优化机动车出入口

为了减轻对周边路网交通运行的影响，改善措施为：体育馆北侧设置小汽车出入口。南园路上机动车出入口距离交叉口不小于80m，华发南路上机动车出入口距离交叉口不小于50m，如图16-18a所示，符合深圳市交通运输委员会颁布的《建设项目机动车出入口开设技术指引（征求意见稿）》的有关规定。

2. 慢行系统改善：加强地铁站点的联系

华强路站和科学馆站分别为11号线、6号线两条全市性快速轨道线路站点，对扩大体育场馆服务范围有重要意义。改善措施为：打造慢行廊道（可以以风雨连廊形式），将其和华强路、华强南、科学馆站进行串联，且慢行通道宽度为5~8m，自行车道和人行道分开设置，如图16-18b所示。将华强路站—华强南站区间进行地下空间开发，同步建设高品质地下通道。

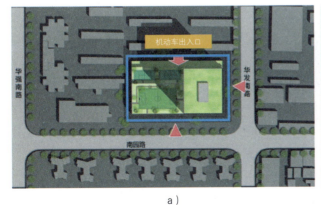
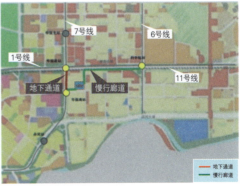

a)　　　　　　　　　　　　　　　b)

图16-18 机动车出入口示意图和地下通道和慢行廊道示意

3. 公共交通改善：设置公交首末站，增加公交运力

根据《深圳市大型建筑公交场站配建指引》，项目用地面积 9936.5m²，按 25% 比例配置，公交场站面积应约为 2500m²。将该场站布置在地面一层，方便车辆进出建筑。同时，公交场站要设置在建筑物人流主出入口附近，并建设公交场站与建筑物联系的电梯、自动步梯等，方便乘客乘坐公交。

◎ 提升效果

1. 轨道运能评估

从站点服务能力看：华强路站、科学馆站和华强南站地铁进出站厅饱和度分别为 0.66、0.5 和 0.14，高峰期剩余服务能力超过 2 万人次，站点设施服务能力较大。从轨道断面富余能力看，1 号线和 7 号线在片区最大断面客流饱和度将分别为 0.64 和 0.3；断面剩余服务能力能够满足深圳市福田区体育场馆开发需求。

2. 常规公交评估

根据南园中公交站点各条公交线路的高峰发车间隔、站点满载率等，测算常规公交剩余承载能力为 2154 人，能够满足深圳市福田区体育场馆 454 人常规公交出行需求。

3. 道路交通评估

根据需求预测，深圳市福田区体育场馆小汽车 + 出租车高峰客流需求为 665 人，按照平均载客率 1.6 计，产生小汽车流量为 416pcu。评估中将这些流量叠加到路网，并对交叉口进行有无项目情况下的服务水平对比。

如表 16-5 所示，整体而言，深圳市福田区体育场馆产生的交通流量规模较小，对道路服务水平影响较小，但仍对华强南路—南园路交叉口东进口左转、南进口直行和深南大道—华强南路南进口右转有显著影响。

表 16-5 主要交叉口服务水平分析

交叉口	进口道	转向	交通流量 /（pcu/h）		服务水平	
			无项目	有项目	无项目	有项目
华强南路—南园路	东进口	左转	164	264	C	E
	南进口	直行	610	750	E	F
深南大道—华强南路	南进口	右转	371	511	C	D

第 17 章

交通枢纽交通组织优化设计实例

Chapter Seventeen

17.1 交通枢纽内外综合交通组织优化

17.1.1 南通站枢纽概况

◎ 基本情况

南通站位于南通市中心城区边缘，距离主城中心约 6km，距离南通西站、南通汽车东站均约 10km。南通站枢纽与城市中心体系耦合较弱，南侧现状以待开发用地为主，永兴大道南侧有中一文化创意产业园及纽约时代等少量办公用地；枢纽北侧用地以物流仓储为主，预留北广场及部分发展用地；周边开发强度较低，业态与南侧城市商业商务中轴缺乏衔接。

南通站承担铁路出行主要功能，铁路出行增长潜力大。现在南通站主要服务宁启铁路，兼顾服务沪通、盐通客流，日均发送旅客约 8400 人次，为南通西站 2.8 倍。南通站日均每班客流高达 150 人次，每班客流显著高于昆山南、苏州北、盐城等周边地区。

南通站枢纽交通集疏运体系规划研究范围为幸余路—石桥路—永兴大道—幸福大道围合区域，如图 17-1 所示。通过对南通站片区交通状况及用地开发状况的研究，提出具有可行性和可靠性的交通集疏运规划方案，完善对外、片区和站区集散交通组织，优化多方式集疏运交通设施布局，提升各方式交通流线的顺畅性和便捷性。

南通站客流集疏运功能主要由主干路承担，无快速路直接联系。主干路永兴大道、幸余路（安顺路—安达路段）晚高峰时段东向西拥堵缓行，通宁大道快速路转换节点已呈现全时段拥堵。周边地方道路未完善，南北联系不便，跨铁路断面将成为地区主要交通瓶颈。

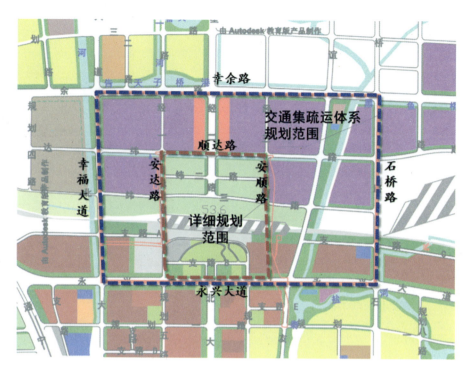

图 17-1　南通站枢纽交通集疏运体系研究范围

◎ **交通需求分析**

1. 枢纽集散总量

南通站铁路高峰小时发送量为 1.33 万人次 /h；南通站长途客运发送量约为 0.4 万人次 / 日。

2. 集散方式结构

结合南通市现状及规划出行方式结构特征，同时参考同类城市枢纽集散交通方式结构，确定优化的南通站铁路客流各种交通方式换乘比例见表 17-1。

表 17-1　优化后的南通站铁路客流各种交通方式换乘比例

交通方式	铁路	长途客运	城市轨道	公交	出租车	网约车	小汽车	慢行	其他	合计
铁路	3%	3%	34%	22%	13%	7%	14%	2%	2%	100%

3. 各方式间换乘客流

结合换乘特征分析，各种交通方式间的主要换乘流向为铁路与轨道、常规公交的联系，应作为设施布设时最便捷的换乘流向，其次为铁路与出租车、社会车间的换乘，以及公路客运与其他方式、轨道与公交的换乘强度相对较弱。

17.1.2 优化设计要点及提升效果

◎ 优化设计要点

1. 枢纽内部集疏运组织

（1）设施布局模式比选

对于两侧设站的铁路枢纽，接驳设施有如下三种布局模式。

- 单侧集中布局模式

主要在一侧集中布局，另一侧仅提供部分方式、少量的接驳服务，两侧接驳功能差异显著，如图 17-2 所示。该模式两侧接驳功能强弱差异显著；适用于主要客流方向明确的交通枢纽，且需交通承载力匹配。

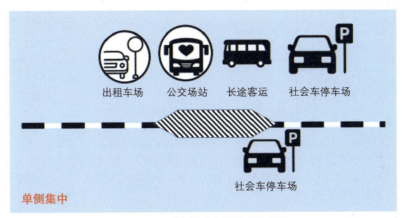

图 17-2 单侧集中布局模式示意图

- 两侧均衡布局模式

两侧均提供较完善的接驳服务，两侧接驳功能基本均衡，如图 17-3 所示。该模式适用于各向集散客流较均衡的车站。

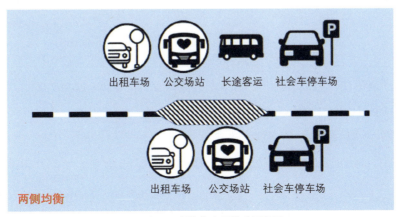

图 17-3 两侧均衡布局模式示意图

- 两侧统筹布局模式

两侧提供差异化、协作分工的接驳服务,两侧接驳功能各有侧重,如图 17-4 所示。

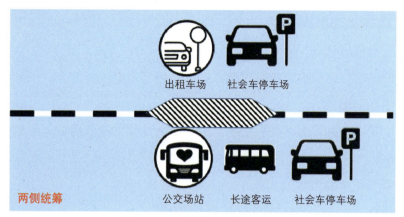

图 17-4 两侧统筹布局模式示意图

- 模式比选

三种模式比选见表 17-2。

表 17-2 三种模式优缺点比选

评价因素	南北均衡模式	北侧集中模式	南北统筹模式
枢纽带动作用	较好。南北广场均有接驳客流辐射,两侧均可发挥枢纽带动作用	一般。南广场无接驳设施,难以发挥枢纽带动作用,南广场人气不足	较好。南北广场均有接驳客流辐射,两侧均可发挥枢纽带动作用
用地集约	集约度差 两侧均设,占地大	集约度好 但交通设施对北广场用地切割较多	集约度好 且有利于商业整体开发
交通组织	流线交织较多 且南侧交通承载力不足	流线交织多	流线交织少
接驳效率	效率高,但公交分设易走错	集中集约,换乘效率高	部分次要换乘关系需跨铁路,换乘距离较远
综合评价	★	★★★	★★★★★

(2)总平面详细布局方案

- 方案总平面

北站房西侧布局长途客运综合体,地面层和地上二层立体开发。北广场西侧布局建有公交首末站。南广场西侧布局城市公交综合体,地面层和地上二层立体开发,如图 17-5 所示。

北广场地下一层东侧布局出租车上客区。北广场地下二层利用广场地下空间及广场西侧空间布局社会车停车场，南广场地下二层布局出租车场、网约车场和社会车停车场，如图 17-6 所示。

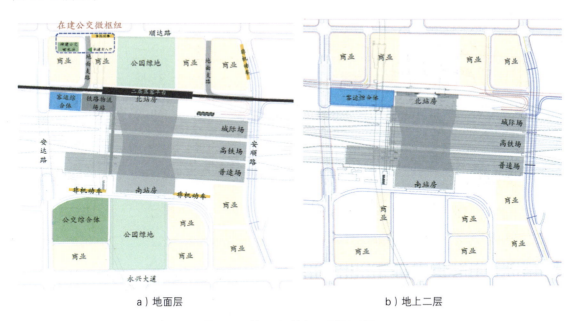

a）地面层　　　　　　　　　　　b）地上二层

图 17-5　地面层及地上二层总平面图

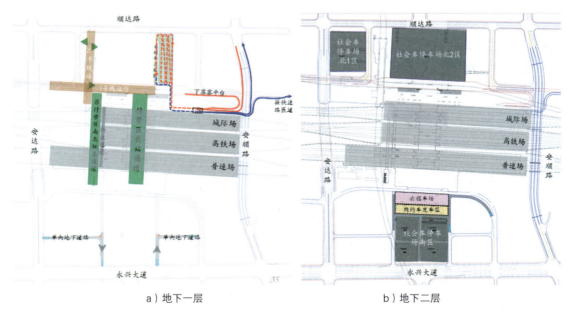

a）地下一层　　　　　　　　　　b）地下二层

图 17-6　地下一层和地下二层总平面图

- 公交综合体交通组织

公交流线总体为南进北出组织，从安达路南侧驶入常规公交场站，从北侧安达路出口驶出，公交场站内东侧设置公交落客区，设置排阵式发车区，如图 17-7 所示。

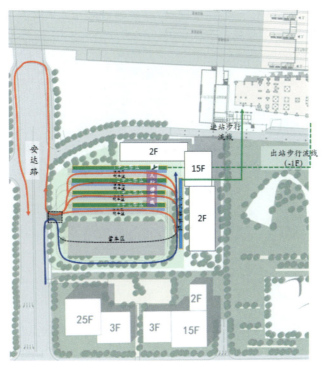

图 17-7　公交场站详细布局设计

- 出租车场站交通组织

出租车由安顺路及高架下行匝道驶入地面蓄车区，经场站内坡道驶入地下层上客区；上客后由南侧出入口驶出地面，左转至安顺路集散或衔接快速路匝道，如图 17-8 所示。

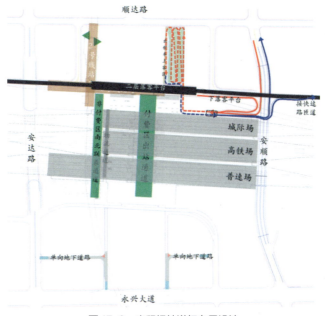

图 17-8　出租场站详细布局设计

第17章 交通枢纽交通组织优化设计实例

- 长途客运场站交通组织

长途客运落客：地面层落客后可由两处扶梯至地上二层功能区及候车区，设置二层连廊衔接铁路站厅层，实现与铁路的最短距离换乘。

长途客运发车：车辆由地面支路北侧出入口驶入、驶出，西北角设置行人出入口，人车分离，由扶梯直接至地上二层功能区，在西南侧设置落客区，落客后可由扶梯至地上二层功能区，如图17-9所示。

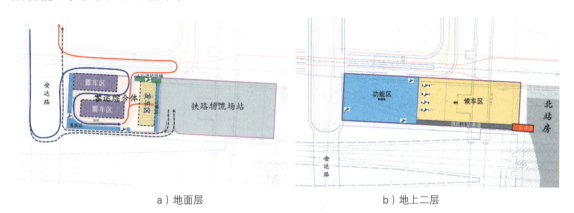

a）地面层　　　　　　　　　　　b）地上二层

图17-9　长途客运综合体详细布局设计

- 社会车交通组织

社会车落客流线。北侧集散：高架到达车辆由幸福大道定向匝道驶入二层落客平台落客，由经九路定向匝道驶离；地面到达车辆由幸福大道上匝道驶入落客平台，落客后由经九路下匝道驶入地面道路。南侧集散：社会车辆由永兴大道驶入落客平台落客，由安达路驶出，如图17-10a所示。

社会车停车流线。北侧到达：快速路到达车辆西侧由幸福大道西、东侧由安顺路东下快速路，由地面道路驶入社会车车场，快速路（安达路—安顺路）预留一对驶出匝道，快速衔接停车场；北侧离开：向西过幸福大道上快速路；向东过安顺路上快速路；南侧集散：通过永兴大道地面转换进出地下停车场，如图17-10b所示。

- 非机动车交通组织

北广场结合轨道交通站点及顺达路行道树间隔设置非机动车停车带，主要服务轨道接驳，安顺路西侧设置非机动车停车带，主要服务铁路接驳。

南广场非机动车停车延续现状，利用落客平台下空间设置，如图17-11所示。

- 进、出站行人流线组织

进站行人流线：轨道交通进站行人由地下一层站厅层出站后电梯上行至铁路站厅层；常规公交进站行人南、北广场均由地面层进站后电梯至铁路站厅层；长途客运在二层落客

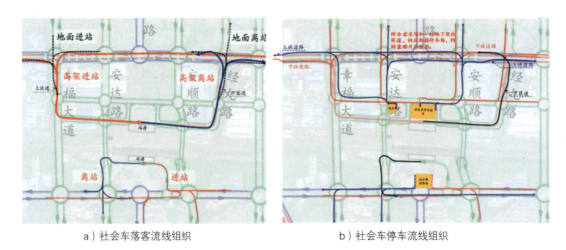

a）社会车落客流线组织　　　　　　b）社会车停车流线组织

图 17-10　社会车流线组织

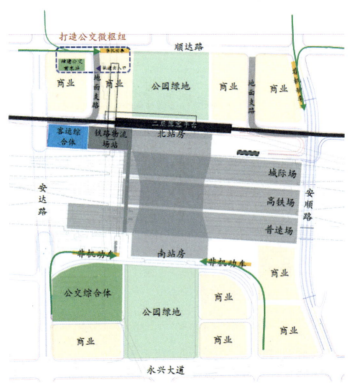

图 17-11　非机动车交通组织

后通过二层通廊到达铁路站厅层；社会车地下一层、二层停车后均先电梯到达地面层进站，后由电梯至铁路站厅层。

出站行人流线：换乘轨道交通的乘客由地下一层出站通道左转即到达轨道站厅层；换乘常规公交的乘客由南广场地下一层通道直接到达公交上客区电梯处，由电梯至地面上客区，或由北广场地下一层电梯至地面层，由站前广场步行至港湾式公交站；换乘长途客运的乘客由北广场地下一层电梯至地面层，左转即到达长途客运服务大厅；换乘出租车的乘客由地下一层出站通道右转即到达出租车上客区；社会车取车的乘客出站后左转至地下一层车库或电梯下行至地下二层车库。行人进出流线组织如图 17-12 所示。

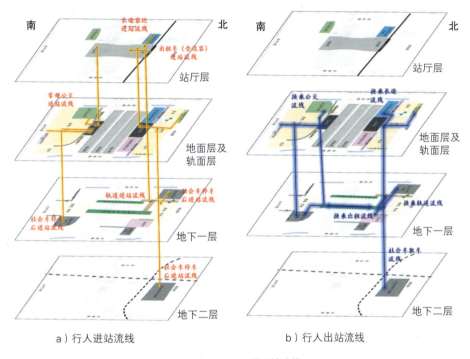

图 17-12　行人进出站流线

2. 枢纽对外集疏运组织

（1）枢纽对外集疏运规划目标

通过轨道交通快速联系中心城区"一心三片"；新城中心及老城区中心轨道 30min 直联；空港片区及经济开发区轨道 45min 快联；快速路系统与南通站枢纽无缝衔接，实现连续、快速、高效集散，实现 45min 主城主要节点可达、60min 市域基本覆盖。

（2）轨道交通方案

预控轨道快线接入条件。补充轨道快线，提升服务能力，新增轨道快线重点实现南通站与南通西站、东站、中创区、能达商务区等快速联系，线位由永兴大道接入站南广场，预控南广场设站条件，避免快线二次穿越国铁线路，如图 17-13 所示。

（3）快速路组织方案

- 完善区域通道网络，有效分离过境交通及货运交通

完善城北大道等外围疏解通道，结合未来片区开发及物流外迁，逐步扩大城市限货范围，将幸余路纳入限货范围，释放幸余路通行能力，货车通过北侧沪陕高速、城北大道过境。

图 17-13　预控轨道快线线位示意图

- 幸余路快速化改造——核心区段方案比选

既有方案幸余路快速化通道全线高架设置，既不利于门户景观营造，也不利于高铁新城的整体开发。因此，本次规划提出幸余路快速通道南通站核心区段主线下穿方案，营造良好的门户景观，同时减少对两侧用地分割，两种方案比选如表 17-3 所示，图 17-14 展示了核心区主线下穿方案，图 17-15 是核心区隧道方案。

表 17-3　幸余路整体高架方案与核心区隧道方案比选

	工程可行性	直接效益	潜在影响
整体高架方案	可行 局部高架柱结构需与地铁 2 号线协调	工程造价节省 约节省工程造价 1.5 亿~2 亿元	• 不利于营造门户景观 • 局部噪声干扰，品质较低 • 割裂两侧用地，不利于高铁新城向北拓展
核心区隧道方案	可行 隧道需与地铁 2 号线协调竖向空间，统筹施工	用地节省 约节省用地 2.5 万~3 万 m²	• 便于营造开敞的门户景观 • 利于提高地面交通品质，营造舒适宜人的公共空间环境

核心区隧道方案：幸余路过通宁大道后采取地面主辅路（红线 60m），幸福大道前下穿（敞口段局部红线拓宽），隧道段红线 40m，过安顺路后出地面，石桥路前设置高架（红线 50m）。

隧道段，地面道路与幸福大道、安达路、福星路、安顺路平交信控，强化南北联系；经九路受快速路纵坡影响，右进右出组织。

- 主要节点交通组织方案

以枢纽立交、菱形立交、平面灯控路口为主，统筹片区主要转换节点，兼顾快速转换和片区服务功能。枢纽立交节点：幸余路与通宁大道、通京大道，强化快快转换功能。菱形立交节点：幸余路—幸福大道、幸余路—工农北路、通宁大道—永兴大道，强化快速通

第17章 交通枢纽交通组织优化设计实例

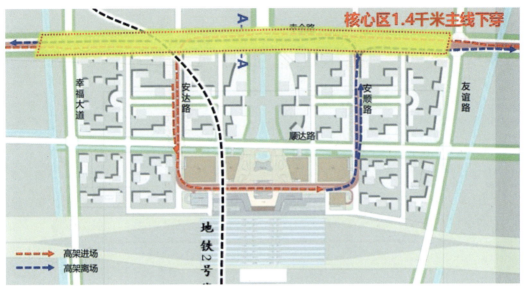

图17-14 幸余路快速路核心区段主线下穿

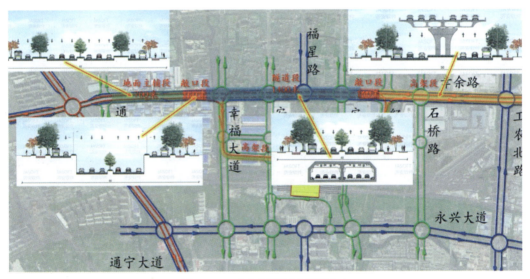

图17-15 幸余大道核心区隧道方案

道与地方道路集散转换功能。地面平交交叉口：幸余路辅道与安达路、安顺路等路口，保障地方交通出行。主要节点交通组织方案如图17-16所示。

- 南广场集散交通组织方案

南广场主要服务公交客流以及邻近地区未使用快速路的小汽车、出租车送客需求。保留现有南广场进站匝道，主要通过永兴大道与北大街、工农北路等纵向道路转换，相交节点采取地面平交信控组织，不做快速化改造，结合交通需求对安达路等局部路段、节点进行拓宽改造，如图17-17所示。

207

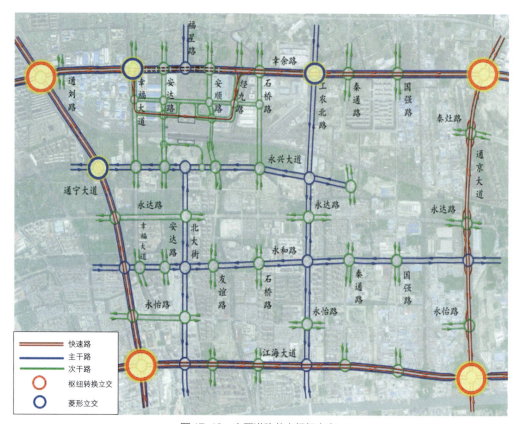

图 17-16　主要道路节点组织方案

图 17-17　南广场集散交通组织方案

◎ 提升效果

对于站内的各种交通流线，提出的交通组织方案对不同交通方式进行了精细的路线规划，能有效分离站内多种交通方式，充分利用时间和空间资源，保证各种交通方式的有序运行,避免了多种交通工具的混乱杂糅。同时,行人的安全和乘车效率得到了有力的保障,是枢纽交通组织人性化的体现。

对于周边的集散交通,通过完善快速路网、在主要节点建设高架或下穿隧道等方式,对周边的交通进行优化组织,缓解了现状的拥堵情况。

17.2 基于出行需求的枢纽交通组织优化

17.2.1 南京南站片区概况

◎ 基本情况

南京南站片区处于南部新城核心位置,与新街口中心、河西中心共同构建南京江南主城金三角中心体系,开发强度高,是枢纽型商务商贸综合地区。南京南站枢纽占地约70万 m^2,总建筑面积约45.8万 m^2,其中主站房面积达28.15万 m^2。南京南站枢纽汇集了铁路、公路、城市轨道、公交、出租车等多种交通方式,京沪高铁、沪汉蓉铁路、宁杭高铁、宁安城际等多条铁路干线交汇于此,站场规模达到"三场十五台二十八线",是长江三角洲地区铁路客运枢纽中心。

研究范围为南京南站枢纽核心区,北至绕城路、南至宏运大道、西至机场高速、东至双龙大道,研究面积 $6km^2$,如图17-18所示。

图17-18 研究范围

◎ 交通需求分析

1. 小区划分

外部交通小区：融入南京城市综合交通模型。内部交通小区：本次将控详规划中每个地块皆划为单个交通小区，南京南站地区共划设90个交通小区，如图17-19所示。

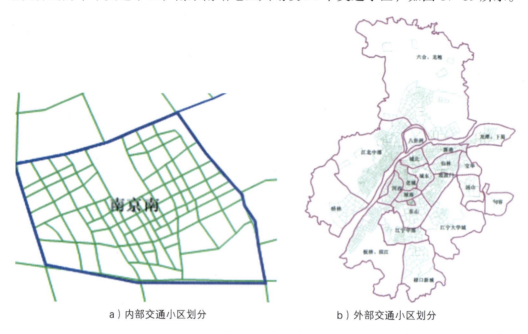

a）内部交通小区划分　　b）外部交通小区划分

图17-19　交通小区划分

2. 出行生成

片区规划人口8.5万，就业人口约5.0万；规划就业岗位8万~10万。片区全日吸发量约37万人次，其中吸引量24.5万人次、发生量12.3万人次，各参数在图17-20中可视化。

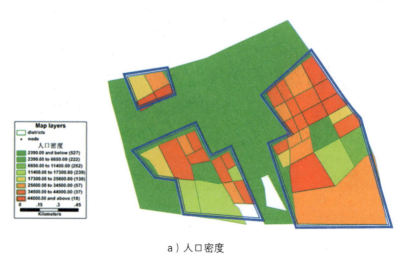

a）人口密度

图17-20　出行发生相关参数

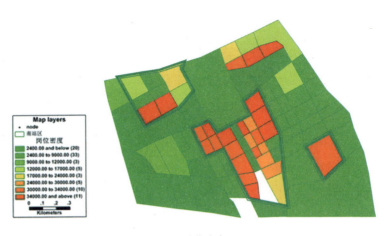

b）岗位密度

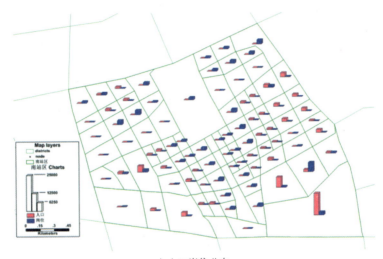

c）人口岗位分布

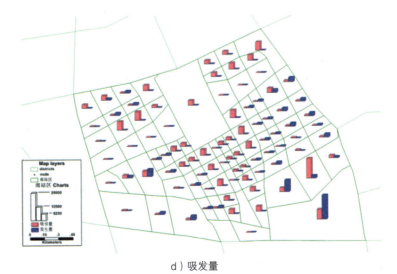

d）吸发量

图 17-20　出行发生相关参数（续）

3. 出行分布

片区属于吸引型片区，吸引/外出就业比值约为2；吸引就业以主城、江宁方向为主，外出就业以主城为主。总体来看，片区与主城联系最紧密，其次为江宁，早高峰客流流向如图17-21所示。

4. 方式划分

区内出行以慢行为主，跨区出行以公交、私家车为主，总体以公交为主，小汽车其次。与南京市规划出行结构相比，公交及小汽车出行均大幅提高，具体方式划分如表17-4所示。

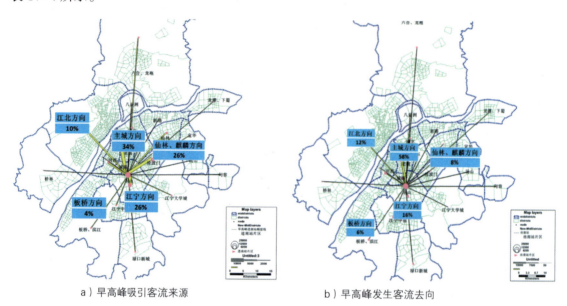

a) 早高峰吸引客流来源　　　　　　　b) 早高峰发生客流去向

图17-21　早高峰客流流向

表17-4　方式划分

	区内出行	跨区出行	公交合计	南京市规划
非机动车	42.7%	1.4%	5.7%	29.2%
公共交通 （地铁）	2.4% （0）	55.7% （41.8%）	50.2% （37.4%）	30.5% （13.7%）
私家车	3.0%	41.9%	37.9%	16.8%

5. 交通分配

主次干路及系统性支路均出现常态拥堵，枢纽商务区拥堵更为严重，如图17-22所示。

第17章 交通枢纽交通组织优化设计实例

图 17-22 交通分配结果

6. 交通改善

将地铁出行比例提升至 54.6%，公交总体提升至 73.1%，适当限制小汽车出行，加强慢行对接。通过结果可以看出，片区交通运行基本顺畅，可支撑片区可持续发展，调整后的交通方式如表 17-5，优化效果如图 17-23 所示。

表 17-5 交通方式调整

	区内出行	跨区出行	公交合计	南京市规划
非机动车	44.3%	2.5%	6.9%	29.2%
公共交通 （地铁）	3.5% （0）	81.2% （60.9%）	73.1% （54.6%）	30.5% （13.7%）
私家车	0.4%	15.3%	13.8%	16.8%

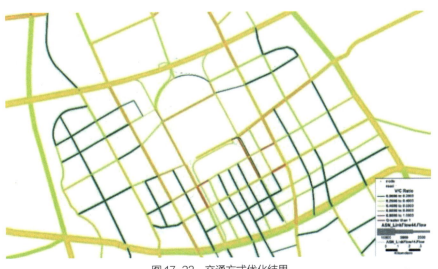

图 17-23 交通方式优化结果

17.2.2 优化设计要点及提升效果

◎ **优化设计要点**

1. 6km² 枢纽核心区交通组织方案

（1）核心区交通组织的基本想法

枢纽区规划分为三个层次的交通组织，即过境交通组织、车站交通组织和地区开发交通组织。遵循的基本原则包括：通过高等级道路快速疏散过境交通；充分利用快速路系统快速集散车站到发交通，尽量减少车站交通和地区开发交通的冲突；合理利用主次干路和支路系统有效分散地区开发生成的交通量。

（2）集疏运交通组织

主城方向进站送客车辆可以直接从绕城公路接入北高架。东山方向进入北高架送客车辆自宏运大道转入站西路，经由地面匝道上至北高架落客区。送客后，直接从北高架离站的车流主要从北高架直接进入绕城公路，东山方向车流由站东路接入宏运大道，或由与小循环联系的弧形匝道沿站北路转至站西路，原路折返，如图17-24所示。

图17-24 北高架进出流线图

（3）片区机动车交通组织

规划江南路（博爱街以北）、博爱街、六朝路（博爱街以北）形成逆时针单行环线；规划站中四路（金茂路）、站中五路（金品路）为单行道。

规划与宏运大道、双龙大道相交的支路交叉口采用右进右出，禁止左向交通；部分小支路与主要干路相交节点采用右进右出的组织方式，如图17-25所示。

第17章 交通枢纽交通组织优化设计实例

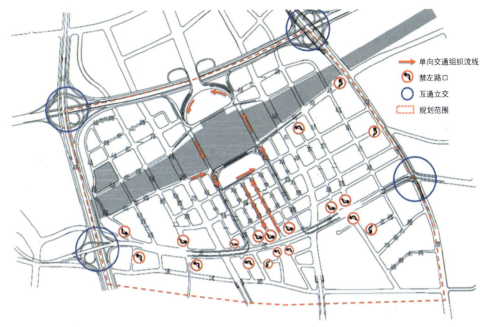

图17-25 片区机动车交通组织

（4）公共交通系统交通组织

对于常规公交场站，规划4处（不含南站公交场站），占地1.13hm，鼓励复合利用。主次干路及系统性支路上按600~800m距离设置公交港湾站，结合道路侧分带设置，如图17-26所示。

图17-26 公共交通系统交通组织

215

（5）出租车交通组织

规划出租车泊位400~600个，东出租车场位于地面层，西出租车场位于地下一层。

2. 枢纽体交通设施布局

（1）布局原则

集约型布置原则，减少旅客平均换乘步行距离；体现公共交通为导向的现代交通换乘特点，解决主要换乘源为主，保证绝大部分旅客实现零换乘；集中设置城市公交首末站、出租车候客区、长途客运站，方便旅客换乘；出站换乘大厅两侧集散不同车型车辆。

（2）布局思路

以人为本，减少旅客平面移动的负荷。考虑到南京南站的宏大体量（地面站厅南北跨度约360m）和火车站枢纽的旅客很多携带中大件行李的特性，设计中应尽量减少旅客平面移动的距离，使平面移动的距离最小化。

配合枢纽建筑体内部功能布局，最大程度体现现代化交通枢纽的集散功能。理解站房的"上进下出、下进下出"的立体功能流线模式，明确铁路和枢纽其他交通模式换乘接口，寻求乘客换乘距离最短、交通导向效果最优、不同交通流之间交叉较小、服务水平最高的现代化交通枢纽设施布设方案。

利用高架站台优势，高效利用站台下空间，这样一方面可节约用地，减少传统铁路对区域的割裂，增强车站南北沟通；另一方面有效缩短了铁路与公交、出租车、社会车的换乘距离；此外，将铁路东西广场区域作为行人的主要步行、休闲空间，同时可对两大区域进行适度的开发，打造"枢纽综合体"，为枢纽体周边地块更有价值开发提供条件。

（3）枢纽体内交通设施布局方案

依据枢纽内到发交通流的不同性质进行时空分离，包括人车分流、进出分离、动静分离、枢纽内部交通和枢纽穿越交通流的分离，以及公交车、长途车等大型车辆与出租车、社会车等小型车辆的适当分离等。

车站南北落客平台分别位于12.40m标高和24.40m标高处，大型车辆（如公路长途客运车辆和城市公交车辆）和小型车辆（社会小汽车和出租车）分设在标高为0.00m的车站到达大厅两侧。

对于长途汽车和公共汽车的布局，依据发展进程的不同以及场地内布局的紧凑程度的不同，站西二路以东的规划面积可能未来不能适应发展需要，可以考虑在站西二路以西的位置作为公交车和长途车备用到发场地，换乘流线如图17-27所示。

第17章 交通枢纽交通组织优化设计实例

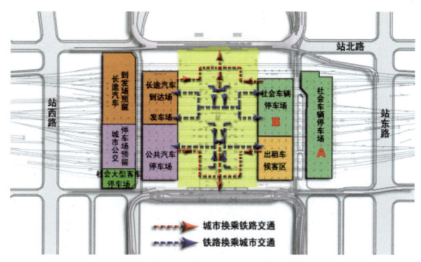

图 17-27 枢纽换乘大厅换乘流线示意图

◎ 提升效果

1. 集疏运交通组织

北广场：四进四出，通过花神庙立交和双龙街立交转换，进出非常方便快捷，完全实现规划设想。

南广场：两进两出，通过宏运大道高架匝道进出，基本实现规划设想；由于金阳东街入口关闭以及宏运大道—宁溧路互通节点尚未建成，南广场进出相对不便，如图17-28所示。

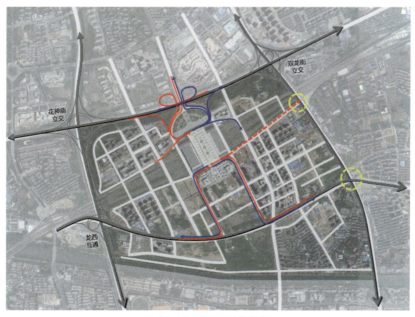

图 17-28 集疏运交通组织

2. 片区交通组织

片区内道路主要按照双向通行进行组织；除定向匝道外，江南路由北向南单向通行，六朝路由南向北单向通行，金阳西街（绿都大道—江南路）由东向西单向通行，锦绣街（绿都大道—江南路）、毓秀街（明城大道—六朝路）由西向东单向通行，如图17-29所示。

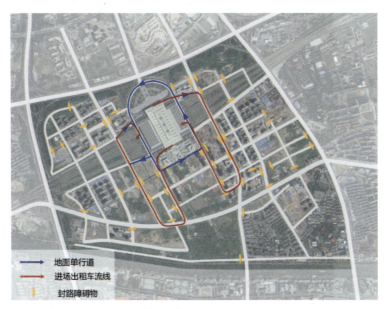

图17-29　片区交通组织

第 18 章

老城区交通组织优化设计实例

Chapter Eighteen

18.1 完善路网结构，优化交通组织

18.1.1 毕节市老城区概况

◎ 基本情况

毕节市老城区影响范围为：清毕路、威宁路、桂花路和拥军路围合的区域及周边支路，如图 18-1 所示。

图 18-1 毕节市老城区研究范围

1. 主要道路状况

麻园路、拥军路、洪山路、洪南路以南（含上述道路）的新建城区道路条件较好，其道路基础设施条件超越了大部分西部地级城市。相对来说，老城区道路条件较差，少数道

路为双向4车道机非混行道路，多数道路为双向2车道机非混行道路，交通干扰较多，道路通行能力差。图18-2展示了毕节市老城区道路状况。

图18-2　毕节市老城区道路状况

2. 交通管理现状

清毕路、威宁路、桂花路等道路设置了中央隔离栏，同时在路口设置了行人隔离护栏，而且在拥军路、洪山路、洪南路等道路的中央绿化带上设置了金属隔离护栏，如图18-3所示。

图18-3　毕节市老城区交通管理现状

◎ 交通需求分析

1. 新老城区道路基础设施差别较大

核心城区的主要路口通过标志、标线等进行交通渠化设计，对信号灯路口的配时方案进行了一定优化。从设施运用和管理水平（天桥、隔离、信号、渠化、警力投入）看，与西部地区其他城市相比也在平均水平以上。

2. 交通供给严重不足

该区域内路网结构设置不合理，导致道路供给不足，其路网结构主要存在以下问题。

1）新老城区路网呈现蜂腰状。

2）环线功能弱，射线功能强。

3）环线承担了过多到达和通过交通流量。

4）城市外部环线功能弱。

18.1.2 优化设计要点及提升效果

◎ **优化设计要点**

1. 总体战略

（1）扩大路网容量

道路扩容不仅是为解决小汽车的交通出行需求，更重要的是为实施公交优先奠定物质设施基础。

（2）调整出行结构

形成以公共交通和慢行交通为主体、以小汽车为辅助的居民出行方式结构。

（3）交通需求管理

调控小汽车交通的出行需求，在保证居民正常出行的前提下，最终实现道路交通的动态供需平衡。

2. 具体措施

1）打通路网道路，扩大路网容量，完善路网结构。

2）道路分类管控，强化干道功能。

3）优化各类交通流组织。

4）交叉口优化。

5）规范路内停车，明确停车发展战略。

6）规范行人过街设施及机动车开口。

3. 组织方案

（1）方案一：部分单循环方案

- 清毕路、威宁路、桂花路实行机动车辆逆时针单向行驶，拥军路实行双向行驶。
- 清毕路、威宁路、桂花路、拥军路实行公交车双向行驶，如图 18-4 所示。
- 打通生活路、清毕路连接道路，如图 18-5 所示。

图 18-4　方案一

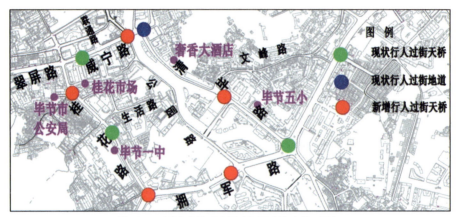

图 18-5　道路改善示意图（红框内为改善区域）

- 对清毕路—新修道路交叉口和公园路—生活路交叉口进行渠化设计，如图 18-6 所示。

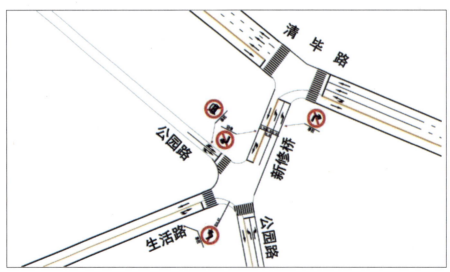

图 18-6　交叉口渠化设计

- 进行交通流线组织，如图 18-7 所示。
- 设置公交车专用车道，如图 18-8 所示。

第18章 老城区交通组织优化设计实例

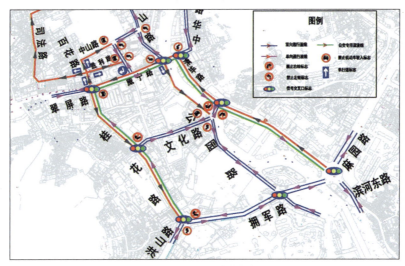

图18-7 交通流线组织

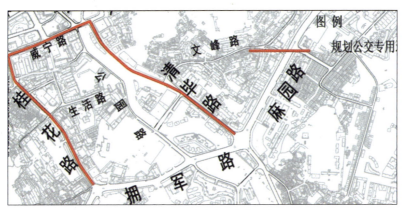

图18-8 公交车专用车道设置

（2）方案二：完全单循环方案

- 清毕路、威宁路、桂花路和拥军路实行逆时针单向行驶（机动车辆和公交车辆均为单向行驶），如图18-9所示。

图18-9 方案二

223

- 进行交通流线组织，如图 18-10 所示。
- 对南关桥交叉口、桂花路—威宁路交叉口、桂花路—生活路交叉口进行渠化设计，如图 18-11~图 18-13 所示。

图 18-10　交通流线组织

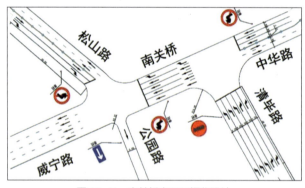

图 18-11　南关桥交叉口渠化设计

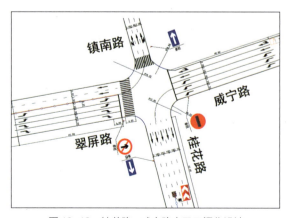

图 18-12　桂花路—威宁路交叉口渠化设计

图 18-13　桂花路—生活路交叉口渠化设计

第18章 老城区交通组织优化设计实例

◎ 提升效果

以方案一为例,对各条道路的路段流量和通行能力进行统计,统计结果如图18-14、图18-15所示,方案一的评价如表18-1所示。

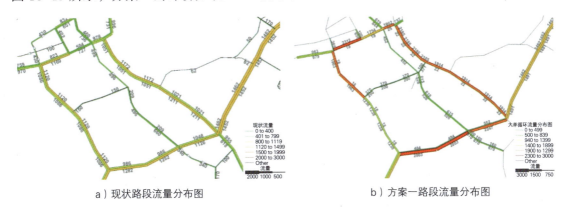

a) 现状路段流量分布图　　　　　　b) 方案一路段流量分布图

图18-14 桂花路—生活路交叉口渠化设计

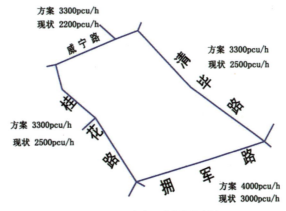

图18-15 方案一路段通行能力

表18-1 方案一评价表

交叉口指标		总流量/(pcu/h)	通行能力/(pcu/h)	路口饱和度	总延误时间/s	服务水平
麻园路口	现状	4834	5614	0.86	189.9	F
	方案	4717	8583	0.55	30.4	C
公园路—拥军路口	现状	3065	—	—	—	—
	方案	4041	6732	0.60	33.8	C
洪山宾馆路口	现状	3706	3684	1.01	113.3	F
	方案	4248	7886	0.54	16.3	B
南门口路口	现状	3346	4188	0.80	50.2	D
	方案	3309	6622	0.50	24.5	C

(续)

交叉口指标		总流量/(pcu/h)	通行能力/(pcu/h)	路口饱和度	总延误时间/s	服务水平
威宁路—联通大道路口	现状	2125	2242	0.95	—	—
	方案	2430	2793	0.87	—	—
南关桥（松山T形路口）	现状	2506	2536	0.99	249.9	F
	方案	2854	6393	0.45	19.9	B
南关桥（清毕T形路口）	现状	3012	3620	0.83	204.7	F
	方案	2947	4986	0.59	13.1	B

从仿真结果来看，方案一可以有效改善研究范围内的交通状态，其带来的改善效果主要包括以下各项。

1）所有路口的通行能力大幅上升。

2）所有路口总延误时间大幅下降，服务水平均有所提升。

3）清毕路、威宁路、桂花路以及拥军路路段通行能力分别提升32.0%、45.5%、32.0%以及33.3%。

4）公交服务水平得到了很大提高，保持大循环内部线路的走向不变，提高了公交在该片区的速度，保证了公交服务的可靠性。

但方案一仍然存在一些不足，主要体现在以下各项。

1）单循环内绕行交通量增大，交通压力上升。

2）单循环在一定程度上影响居民出行的便捷性。

3）与之连接的射线道路如果出现拥堵问题，会影响环线道路通行。

18.2 路段单向交通组织，交叉口信号控制

18.2.1 柳州市人民广场概况

◎ 基本情况

城中半岛人民广场是柳州市标志性市区中心，同时也是城市交通流中转的重要节点，交通区位重要。区域内商铺林立，人流密集，土地开发强度高。"十一五"期间，柳州市政府不断加大对人民广场区域的开发力度，先后进行了五星商业步行街、风情港、金沙角以及地王国际财富中心等商业、居住项目开发，进一步提升了城中半岛的商业环境，促进经济快速增长。与此同时，对城中半岛区域的道路交通设施也进行了改造和完善，规划建设了广雅大桥、文惠桥双桥、八一路—广场路下穿等重大工程。但由于飞速增长的交通量

和路网布局结构的先天缺陷,以及历年来单中心强化的土地开发策略,区域交通问题逐渐成为制约区域经济发展和人民生活水平提高的重要因素,对城市功能的运行及市民日常生活造成较大负面影响。

本案例核心设计范围为：文昌桥、友谊路三中路交叉口、广场路、广雅路、广雅大桥以南与柳江围合的区域,共 2.7km²,如图 18-16 和表 18-2 所示。

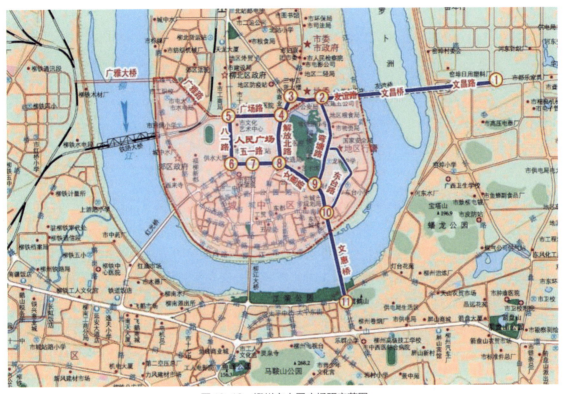

图 18-16 柳州市人民广场研究范围

表 18-2 柳州市人民广场周边重要节点交通改善设计交叉口

序号	节点名称	序号	节点名称
1	桂中大道文昌路交叉口	7	五一路龙城路交叉口
2	友谊路弯塘路交叉口	8	五一路文惠路交叉口
3	友谊路三中路交叉口	9	文惠路弯塘路交叉口
4	广场路解放北路交叉口	10	文惠路中山东路交叉口
5	广场路八一路交叉口	11	驾鹤路荣军路交叉口
6	八一路五一路交叉口		

1. 主要道路状况

柳州市城市道路分为快速路、主干道、次干道和支路四个等级。目前人民广场的路网中尚未涉及快速路，以主次干道为主。区域主要道路状况如图18-17所示，道路现状如图18-18所示。

图18-17 区域主要道路状况一览

广场路：东连友谊路，西接广雅路，是一条一块板、单向六车道的单向行驶主干道。由于人民广场周边实行单向交通组织，因此广场路上的车辆只能由东向西行驶。广场路是分流人民广场及周边道路车流的重要道路，周边有人民医院、中学、艺术中心等，交通情况复杂。

文昌路：东西方向主干道，三块板，双向六车道，机非分隔。从人民广场及周边商业圈向东的车辆和人流基本都要通过文昌桥到文昌路，它承担着联系中心商业区与外围区域重要衔接通道的责任。

友谊路：东西方向主干道，四块板，双向六车道。友谊路两侧分布着柳州饭店、地委、公安局、公园、建筑公司等单位，是连接文昌桥的重要道路。

八一路：南北向主道路，三块板，双向六车道。在广场路以北机动车双向通行，为了配合人民广场周边的单向交通组织，广场路以南车辆只能由南到北单向行驶。

五一路：与广场路平行，单向四车道的次干道。实行单向交通，车辆只能从西向东行驶。五一路没有机非分隔带，机动车和非机动车在同一平面上行驶，严重影响了非机动车安全。

解放北路：与八一路平行，一块板，单向四车道，车辆从南到北单向行驶。由于道路只有一块板，公交车、小汽车、非机动车在同一平面上行驶，秩序混乱问题严重。另外，在解放北路上还有市中医院等公共设施，进出车辆很多，影响道路车辆正常行驶。

图 18-18 道路现状

文昌桥：连接柳河东岸与中心城区的重要桥梁，西接友谊路，东连文昌路。双向四车道。桥上车流量很大，由东向西行驶的车辆要多于由西向东行驶的车辆。

红光桥：位于人民广场西南面，连接连塘路和红光路。一块板，双向四车道，过桥车辆很多，高峰时间通行能力接近饱和。

柳江大桥：位于人民广场正南面，双向三车道，道路红线 21m，是连接城中半岛和柳南的重要通道，现状实施机动车管限措施。

文惠桥：位于人民广场东南面，单向两车道，红线宽度 16m。允许小汽车由南到北单向行驶，公交车可以双向行驶，禁止货车通过。

2. 路网结构分析

城中半岛区域路网主要呈放射状加自由式布局，由于整个路网结构不合理，再加上近年来迅速增加的交通流量，道路已出现供不应求的状况。区域路网主要存在以下几个问题。

1）放射状道路将过多的城市交通量引入人民广场地区，新建和扩建的桥梁吸引更多过境交通，加剧人民广场区域的交通压力。

2）该区路网仅有连塘路、文惠路、龙城路、友谊路、八一路等几条主干道，缺少可用于分流的次干道和支路，不利于车辆的消散。

3）整个路网断头路较多，外圈环线在城中半岛南部被阻断，环岛的滨江路也缺乏和主干道的衔接，不利于过境交通的疏散。

4）区域内存在的铁路、公园、广场、步行街等设施对道路网有较强的阻断作用。

对路网密度、路网交叉口密度进行计算，并和规范值进行比较，结果如表18-3、表18-4所示。

表18-3 区域道路密度情况

道路级别		主干道	次干道	支路	干道合计	主次支合计	备注
长度/km		2	4.6	10.8	6.6	17.4	规划面积 2.7km^2
密度/(km/km^2)	案例值	0.74	1.7	4	2.44	6.44	
	规范值	0.8~1.2	1.2~1.4	3~4	2.0~2.6	5.0~6.6	
道路用地占城市建设用地（%）	案例值			16.9			
	规范值			8~15			

表18-4 区域交叉口密度情况

道路名称	道路总长/m	规划车道数	途经交叉口数	交叉口平均间距/m
主干道	2037	4~6	3	400
次干道	4613	2~4	6	400
支路	10868	1~2	20	130

上述计算结果表明路网整体比例符合国家规范要求。整个区域路网主干道密度偏低，次干道密度偏高，比例失调。应该适当增加主干道路网密度，优化交叉口设计，提高路网的通行能力。

3. 公共交通现状

站台情况：区域范围内约有18个主要公交站点，大多数公交站点设施较为完备，提供雨篷、座椅以及公交线路站点信息；同时也存在多个只标有停靠线路的临时停靠站。300m半径公交站台覆盖率在80%左右，基本覆盖整个城中半岛区域，如图18-19所示。

表18-5展示了线路布局情况：由于区域存在大量交通需求，线路布设比较集中，线路重复系数极高。其中龙城路、广场路、解放北路重复系数最高，尤其是解放北路，公交线路的重复系数达到35条。

第18章 老城区交通组织优化设计实例

图 18-19　区域公交站台分布情况

表 18-5　区域道路公交线路重复系数

道路	线路数	道路	线路数
龙城路	23	三中路	10
八一路	15	友谊路	7
广场路	24	连塘路	12
解放北路	35	北站路	9

相比城市其他片区，人民广场区域道路现状高密度的公交布局特征，对区域公交优先策略的实施及其片区枢纽布局规划具有较大的支撑意义，公交站台现状情况如图 18-20 所示。

图 18-20　公交站台现状情况

4. 慢行通行环境

慢行环境主要包括路面铺装、指示标志、遮挡设施、绿化与景观、照明设施、公共艺术品等。总体来说，中心区步行环境比较好，但在部分道路和商业区，道路条件较差，步行环境有待于改善。调查中，发现许多人行道存在路面破坏、缺失的现象；部分路段存在报刊亭、违章停车、路边建筑施工等占用人行道问题；公交站台缺少换乘指示牌，缺少遮挡设施、照明设施等路边设施，慢行交通通行环境现状如图18-21所示。

图18-21　慢行交通通行环境现状

5. 停车设施状况

从停车总量上看，研究区域现有停车泊位供应数为3348个，其中公共停车场923个，配建停车场1965个、路内停车场460个，三者的比例为6∶13∶3。可以看出路内停车场的比例偏大，路外公共停车场数量过少。停车对道路资源占用过多，也是造成道路拥堵的一个重要原因。由于现状停车场管理落后，部分停车设施占为他用，使得现状停车设施总量仍然呈现明显不足，各类停车设施分布情况如图18-22所示。

图18-22　各类停车设施分布情况

6. 交通管理现状

区域交通管理的通道管限措施、单行措施、禁行措施、信号控制情况如图18-23所示。

第18章 老城区交通组织优化设计实例

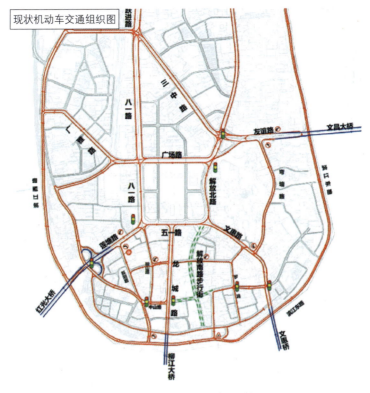

图 18-23　区域交通管理现状

◎ **交通需求分析**

调查期间统计了区域各大桥和交叉口12小时交通量（7:00-19:00），受广雅大桥建设和八一路广场路道路下穿工程的影响，部分路段交通流量缺失，片区整体流量也受影响，因此在现状流量调查的基础上，结合过往的流量数据，对现有流量数据进行补充完善。

1. 区域交通流时间分布

区域交通流时间分布如图18-24所示，从时间分布上看，区域存在明显的早晚高峰，早高峰为7:30-8:30，晚高峰为18:00-19:00，分别占白天12小时交通量的9.72%和10.79%，其中晚高峰流量最为明显。除了早晚高峰，中午13:00-14:00存在一个交通流量的低谷。高峰时段交通流约比平峰时段高约30%，持续时间约半小时，消散至平峰流量至少需要半小时。

交通流的时间分布情况主要由城市规模和交通组成模式决定，随着柳州城市规模不断扩大，出行机动化程度不断上升，出行距离和出行总量随之相应上升。具体表现为高峰交通流峰值提高，高峰持续时间增长，消散难度越来越大。从现状看，高峰流持续及消散时间需要大概1.5h，这为城市交通组织及管理带来一定的难度。

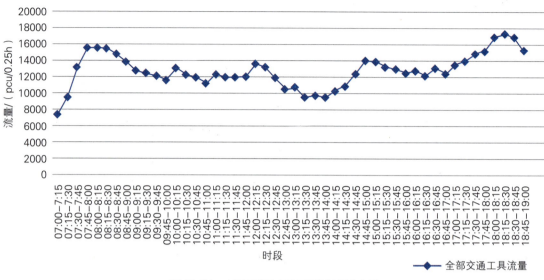

图 18-24 主要干道及交叉口时间流量分布图

2. 区域交通流空间分布

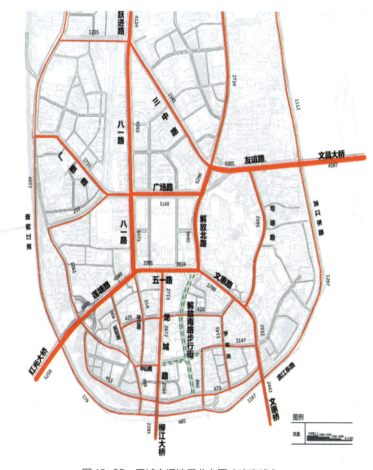

图 18-25 区域交通流量分布图（晚高峰）

区域交通流空间（晚高峰）分布如图 18-25 所示。从空间分布上看，区域交通流运行主要通过干道完成，交通流主要压力集中在人民广场周边道路及衔接干道上。由于路幅较窄，道路中断及禁限措施较多，支路网承担的交通压力较小。高峰时期部分路段与交叉口出现高饱和度现象。拥挤路段集中在柳江大桥、文惠路、文惠桥和五一路。

3. 道路交通组成分析

将各交通组成比例均转换为当量小汽车后的交通构成比例，可以计算出相应的交通构成对道路资源的占用。其中，小汽车出行（包括出租车）占交通流总量的 60%，公共交通所占资源的比例较低，仅占用道路总资源的 7%，电动自行车逐步替代摩托车成了柳州市的主要交通工具，占据交通流总份额的 23%。整体交通结构上看，私人机动化出行在柳州出行比例中占据的份额越来越大，公共交通发展仍处于低水平阶段，如何构建与城市交通可持续发展相匹配的交通结构配比，是柳州市亟待解决的重大交通问题之一。

4. 桥梁断面交通运行评价

对主要桥梁断面和交叉口流量的调查计算可以推出各路段流量及饱和度（晚高峰），如表 18-6 所示。

表 18-6 主要桥梁断面流量评价表（晚高峰）

桥梁断面	方向	交通量/(pcu/h)	双向交通量/(pcu/h)	饱和度	服务水平
壶西大桥	东往西	2200	4419	0.69	C
	西往东	2219			
壶东大桥	东往西	2903	5491	0.86	D
	西往东	2588			
红光桥	南往北	2822	5259	0.94	E
	北往南	2437			
柳江大桥	南往北	1175	2285	0.67	C
	北往南	1110			
文惠桥	北往南	1781	2442	0.91	E
	南往北	661			
文昌桥	东往西	2459	4587	0.82	D
	西往东	2128			

从表 18-6 中可以看出，人民广场周边的几座桥交通量很大，大部分来往人民广场及周边商业圈的车辆都要通过这几座桥，桥的饱和度都超过了 0.6。几座桥都连接主次干道，

衔接桥路口往往形成交通瓶颈。因此，需要对过桥交通流进行合理组织。

5. 交叉口交通运行评价

通过对人民广场周边的主要交叉口 12 小时流量调查，可得晚高峰时交叉口机动车流量及饱和度，如图 18-26 所示。

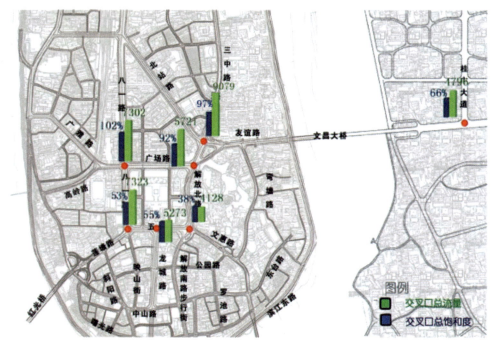

图 18-26　区域机动车流量及饱和度（晚高峰）

从图 18-26 可知，人民广场北侧交通压力较大。南侧路口由于采用单行交通组织，信号控制方案简单，交叉口饱和度均较低。北侧主要路口如广场路—八一路、广场路—解放路、友谊路—三中路路口饱和度均已超过 90%，这是由于实施单行交通后，南侧绕行车辆均要通过北侧交叉口进行疏散，交通压力由南侧向北侧转移的原因。

除上述路口，其他路口如弯塘路—文惠路、中山路—文惠路等也出现不同程度的拥堵。片区内部的支路网由于停车干扰或交通秩序混乱等因素，也容易出现暂时性的交通拥堵。

6. 客车出行空间分布特征

图 18-27 展示了柳州市客车出行空间分布。根据《柳州城市综合交通规划（2005—2020）》对柳州市客车运营状况的实际调查，以及对柳州客车运行状况进行的分析，发现当地客车出行的主要特征如下。

1）呈现明显的向心交通，以城中半岛中心区为中心的放射状分布，市区约 65% 出行量分布在内环线以内,表明中心城区仍是客车交通集中区域。

2)将整个柳州市区分为 18 个大区。根据调查,各大区出行与人民广场所在 1 大区之间往来最为密切,约 45% 出行与这个大区有关,其中 11.8% 为内部交通,16.4% 为到发性交通,16.8% 为过境交通。

3)虽然受到柳江阻隔,但是跨江交通出行仍占客车出行的较大比重,达到 40% 左右,说明柳江两岸联系极为紧密。

总之,柳州市客车运行现状存在两个特点:强向心性交通,及较高的跨江出行比例。这样的交通特性预示了中心区域交通拥堵将愈发加剧的趋势,随着机动车数量的增长和柳江两岸用地的开发,跨江出行将进一步增长,从而也对跨江设施提出了更高的要求。另外,通过对拥有小客车居民出行的调查,也可以了解到区域过境交通和到发性交通的大致比例。

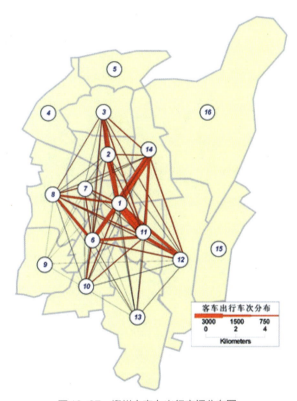

图 18-27　柳州市客车出行空间分布图

18.2.2　优化设计要点及提升效果

◎ 优化设计要点

1. 组织方案

1)方案一:人民广场无信号 + 逆时针方案(图 18-28)。

- 广场路、八一路、五一路和解放北路实行逆时针单向行驶。
- 公园路、景行路配合五一路,实行由东向西单向行驶。
- 人民广场区域交叉口全部取消信号灯。
- 广场路至广雅路单向下穿。

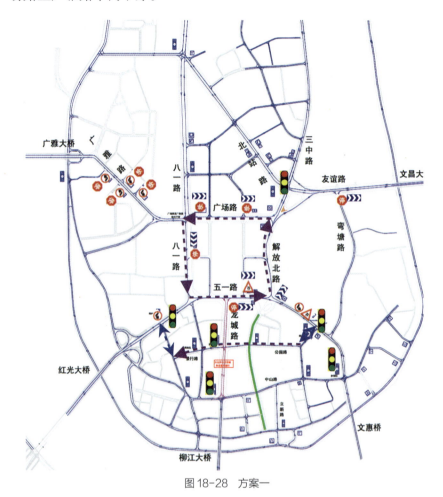

图18-28 方案一

2)方案二:人民广场有信号+逆时针方案(图18-29)。
- 广场路、八一路、五一路和解放北路实行逆时针单向行驶。
- 公园路、景行路配合五一路,实行由东向西单向行驶。
- 八一路—广场路和八一路—五一路交叉口设置信号灯。

3)方案三:广场路、八一路双向方案(图18-30,推荐方案)。
- 五一路和解放北路实行单向行驶。
- 公园路、景行路配合五一路,实行由东向西单向行驶。
- 八一路—广场路、八一路—五一路和广场路—解放北路交叉口设置信号灯。

第18章 老城区交通组织优化设计实例

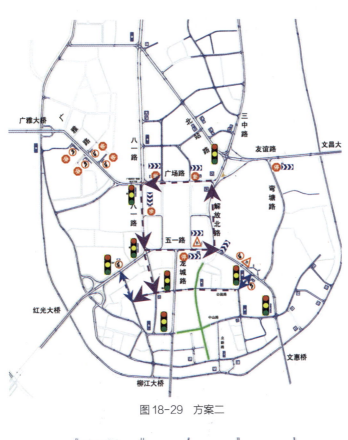

图18-29 方案二

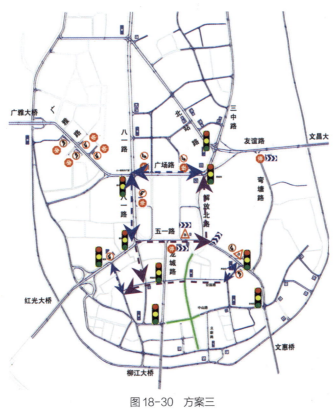

图18-30 方案三

4）方案四：广场路、八一路、五一路双向方案（图18-31）。

- 八一路、广场路、五一路为双向行驶。
- 解放北路和映山街为单向行驶。
- 人民广场区域四个交叉口都设置信号灯。

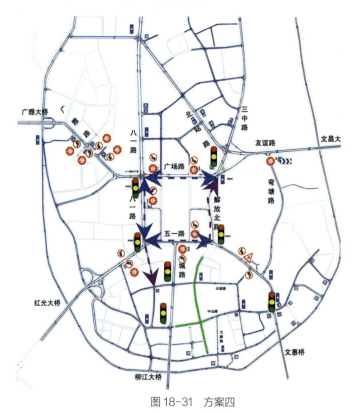

图18-31　方案四

2. 仿真结果

各方案的仿真结果如图18-32所示。

- 方案一：在广场路下穿通道入口及五一路上产生两个瓶颈，导致人民广场区域发生锁死。环岛在流量较小的非饱和流条件下可以提高车速，在不设置信号灯的前提下，为了保证环岛的正常运行，只能削减进入环岛的交通量。
- 方案二：车速较慢，车流密度大，车辆变道严重，龙城路车辆难以进入环岛，导致长距离排队，虽然信号的控制可以减少交织，保证整个环岛不发生锁死，但整体交通效率下降不少，当饱和度达到一定程度之后，信号控制亦不能从根本上提高系统的运行效率。
- 方案三：信号控制下，依然可以保持较高的速度，主要延误发生在信号控制交叉口处，路段车流量同前两方案相比明显减少，并成团聚形式。变道交织带来的秩序紊乱基本消除，基本没发现拥堵现象。

- 方案四：由于五一路西向东车道减少，龙城排队较长，路口相位增加导致整体车速下降，延误上升。

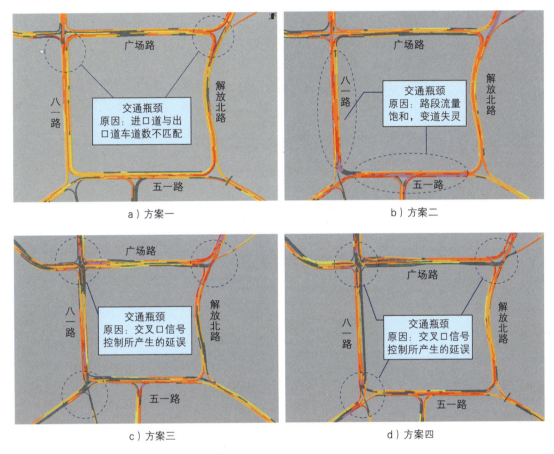

图 18-32 仿真结果

◎ 提升效果

交通组织方案优劣判断依据包括：饱和度及流量分布、路网最大承受极限、整体运行时效、绕行系数、慢行交通组织、方案改造代价。

1. 指标一：饱和度及流量分布

路段的饱和度和流量分布在一定程度上反映了路网的可靠性。方案一和方案二路段流量已经接近饱和，区域出现局部拥堵现象，如图 18-33 所示。

2. 指标二：路网最大承受极限

为了使路网能够正常运作，路网需保留一定的容量，因此路网承受压力的大小也影响着路网的可靠性。

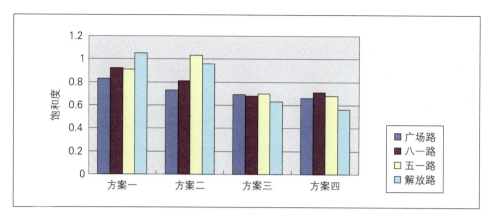

图 18-33 各方案道路饱和度统计图

方案一、方案二路网压力承受极限低的原因是绕行量大。环岛类交通包含大量的绕行 OD，绕行量增加的结果是路段额外车流大大增加，超出路段负荷能力，如图 18-34 所示。

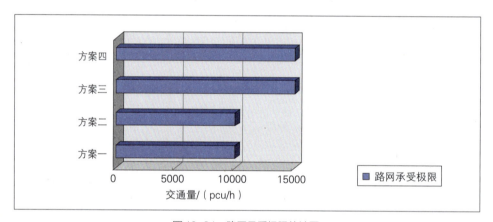

图 18-34 路网承受极限统计图

方案一、方案二约使路段的流量增加 40% 左右，车道数多的单行道路通行能力 需折减，即单向 6 车道的通行能力要小于双向 6 车道，衰减率为 10%~15%，如图 18-35 所示。

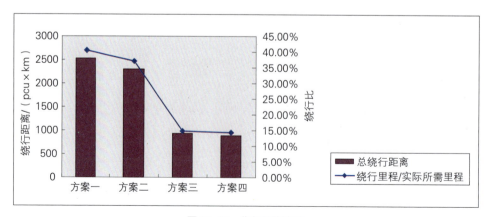

图 18-35 绕行量统计图

3. 指标三：整体运行时效

时效性直接决定了交通系统的经济效应和社会效应，如图18-36所示。整体运行时效：方案三 > 方案四 > 方案一 > 方案二。

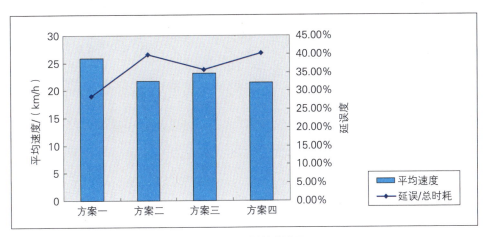

图18-36 时效性统计图

4. 指标四：绕行系数

绕行系数反映了路网的可达性，绕行系数与可达性成反比，绕行系数越大，则路网可达性越差，如图18-37所示。

方案三、方案四采取的禁限措施较少，可达性较好，车辆可选择的路径多，便于车辆出行，但由此也会诱增一定的交通量，并吸引更多的过境交通。

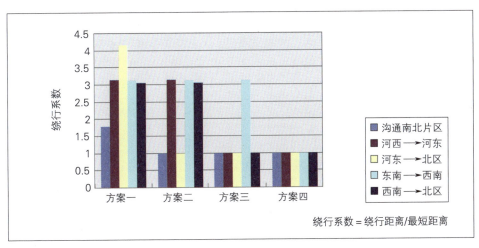

图18-37 绕行系数统计图

5. 指标五：慢行交通组织

方案二、方案三、方案四采用平面交叉口信号过街。

方案一为保证主线交通不受干扰，只能采用天桥或者地道过街方式。考虑非机动车的通行，若采用方案一，可考虑以下措施：

措施一：广场内围取消非机动车道，令非机动车从广场外围绕道而行，如若需要进入广场内部，则需在外围停车后，步行进入。

措施二：对地道和天桥进行特殊处理，使其便于非机动车使用。

6. 交通组织方案评价——综合评价

综合评价的结果见表18-7。

- 方案一——无信号控制的逆时针环岛方案，广场路至广雅路单向下穿，运行效果良好，但改造代价较大，绕行量大；龙城路需禁止社会车辆通行；需改造城中半岛南部的支路网（包括中山路的拓宽）；人行交通需通过立体过街设施解决，非机动车行驶在广场区域受限制。

- 方案二——有信号灯的逆时针环岛方案，广场路至广雅路单向下穿，利用交叉口的信号灯控制，缓解五一路的交织问题，但中远期交通需求较大，运行速度较慢，绕行量较大。

- 方案三——八一路广场路双向方案，广雅路广场路双向下穿，改造广场路八一路交叉口为该方案的关键，运行速度较快，但在交叉口延误稍大。

- 方案四——八一路广场路五一路双向方案，广雅路广场路双向下穿，路口相位增加降低了整体的车速，但方便了红光桥和文惠桥之间的联系。

表18-7 交通组织方案综合评价

	方案一	方案二	方案三	方案四
饱和度及流量分布	☆	☆	☆☆	☆☆
路网最大承受极限	☆	☆	☆☆	☆☆
整体运行时效	☆☆	☆	☆☆☆☆	☆☆☆
绕行系数	☆	☆☆	☆☆☆	☆☆☆☆
慢行交通组织	☆	☆☆	☆☆	☆☆

综合五个评价指标，推荐方案三，即：八一路、广场路双向，解放路、五一路单向方案。

参考文献

[1] 文旭东. 基于储备通行能力均衡状态的区域交通组织优化研究[D]. 重庆：重庆交通大学，2016.
[2] 赵亮. 城市区域交通组织关键问题的认识与实践分析[D]. 成都：西南交通大学，2012.
[3] 史文朝. 区域交通组织优化研究[D]. 天津：河北工业大学，2006.
[4] 公安部交通管理科学研究所. 城市道路平面交叉口渠化设计手册[M]. 北京：机械工业出版社，2021.
[5] 翟忠民. 道路交通组织优化[M]. 北京：人民交通出版社，2004.
[6] 毛保华，孙壮志，贾顺平. 区域交通组织优化方法及实践研究[M]. 北京：人民交通出版社，2007.
[7] 过秀成. 建设项目交通影响分析方法[M]. 北京：中国铁道出版社，2008.
[8] 吴兵，李晔. 交通管理与控制[M]. 北京：人民交通出版社，2005.
[9] 袁振洲，魏丽英，谷远利，等. 城市交通管理与控制[M]. 北京：北京交通大学出版社，2013.
[10] 翟忠民，景东升，陆化普. 道路交通实战案例[M]. 北京：人民交通出版社，2007.
[11] 翟忠民. 道路交通组织优化[M]. 北京：人民交通出版社，2004.
[12] 陈峻，徐良杰，朱顺应，等. 交通管理与控制[M]. 北京：人民交通出版社，2012.
[13] 郝雪婷. 城市交通限行政策文献综述[J]. 合作经济与科技，2019（15）：82-85.
[14] 国家市场监督管理总局，中国国家标准化管理委员会. 道路交通标志和标线：第8部分：学校区域：GB 5768.8—2018[S]. 北京：中国标准出版社，2018.
[15] 张博旭. 中小学校园周边交通组织优化方法研究[D]. 兰州：兰州交通大学，2022.
[16] 陈孟飞. 学校区域交通拥堵与智能化组织优化研究[D]. 济南：山东建筑大学，2023.
[17] 肖文明，张剑锋，叶青，等. 儿童友好型学校周边交通改善策略研究[C]// 中国城市规划学会. 创新驱动与智慧发展——2018年中国城市交通规划年会论文集. 北京：中国建筑工业出版社，2018.
[18] 吴建，王宝华，张郭艳. 学校周边道路交通治理对策研究[C]// 中国城市科学研究会，天津市滨海新区人民政府. 2014（第九届）城市发展与规划大会论文集—S04绿色交通、公交优先与综合交通体系. 中国城市科学研究会，2014.
[19] 李佳辉. 学校地区交通安全设施配置技术方案研究[D]. 北京：北京工业大学，2016.
[20] 梁芬. 分析学校门口的交通安全问题及对策[J]. 智库时代，2018（44）：138-139.
[21] 辜萌晨，沈中伟，代艳萍. 学校区域儿童过街交通安全措施设计[J]. 电子测试，2019（16）：114-116.
[22] 张永航，崔何凌. 新建学校交通影响分析方法研究[J]. 物流科技，2019，42（1）：118-121.
[23] 黄燕芳. 医院建筑室外交通系统设计[J]. 建筑设计管理，2013，30（2）：35-37.
[24] 甘江婷. 医院交通特性分析与规划管理研究——以广州为例[J]. 交通世界，2018（23）：6-8.
[25] 陈翚，李新佳，阳红卫，等. 医院交通特性分析与规划管理研究[C]. 中国城市规划学会. 2016年中国城市交通规划年会论文集. 北京：中国建筑工业出版社，2016.
[26] 胡空. 新区医院交通特性与规划对策探析[J]. 建设科技，2018，（2）：86-87.
[27] 熊传银，张文伟，苟正先，等. 大型综合医院交通秩序管理的难点及对策[J]. 现代医院管理，2018，16（1）：84-86.
[28] 杨励雅，朱晓宁. 城市商业中心地区的交通问题[J]. 科技导报，2002，（8）：34-36.
[29] 吴楠，成卫，肖海承. 中小城市商业区主干道交通组织优化与仿真[J]. 科学技术与工程，2011，11（35）：8937-8940.
[30] 齐在磊. 城市中心商业区静态交通规划与管理研究[J]. 智能城市，2017，3（7）：175.

[31] 吴立新,梁春岩,倪铁山.商业区近距离交叉口交通组织设计研究[J].吉林建筑工程学院学报,2009,26(4):27-30.

[32] 付保明,王健,张宁.城市中心商业区交通一体化研究[J].城市交通,2018,16(3):76-80+6.

[33] 徐上,张涵.分散型城市旅游景区交通规划研究——以重庆磁器口大景区为例[C]// 中国城市规划学会.绿色·智慧·融合——2021/2022年中国城市交通规划年会论文集.北京:中国建筑工业出版社,2022.

[34] 朱乐群,刘兆杰,周然,等.国际海岛旅游交通发展模式及对我国的启示[J].中国水运(下半月),2020,20(1):54-55.

[35] 杨雪梅.城市近郊区休闲旅游公交线网规划方法研究[D].南京:东南大学,2022.

[36] 肖燕,侯蒙,张金盈,等.济南市旅游交通空间网络分析[J].公路,2022,67(3):240-246.

[37] 石丽.旅游景区自驾车游客停车行为分析[D].成都:西南交通大学,2018.

[38] 刘睿杰.城市近郊旅游度假区交通组织问题研究[D].宁波:宁波大学,2016.

[39] 胥文,伍炜."智慧景区"背景下交通组织管理方式探究[J].四川警察学院学报,2020,32(2):71-77.

[40] 江丽琴.苏州轨道交通历史文化景区站点周边公共空间形态研究[J].城市,2022(10):50-63.

[41] 叶龙飞,阎桑慧宇,项昀,等.面向自驾出行方式的旅游区标志设置研究——以梅岭风景区为例[J].南昌航空大学学报(自然科学版),2021,35(4):74-81.

[42] 郭风琪,陈柯源,顾发根,等.我国跨座式单轨旅游交通系统的现状与发展[J].中南大学学报(自然科学版),2021,52(12):4540-4551.

[43] 姚丽.景区内部交通综合功能评价研究[D].金华:浙江师范大学,2021.

[44] 杨泽雨.城市型风景名胜区慢行交通设施优化研究[D].南京:东南大学,2022.

[45] 金阳,胡芹健,王凌等.旅游交通方式选择行为特征剖析——以扬州"两园"片区为例[J].现代营销(经营版),2019(9):92-93.

[46] 屈直.旅游景区停车场规划与管理问题研究[D].西安:长安大学,2011.

[47] 吴丹.大型活动公共交通组织与调度[D].成都:西南交通大学,2012.

[48] 马陶.中小城市大型活动临时停车场规划研究[D].北京:北京交通大学,2014.

[49] 李金山,王振报,朱跃华.大型活动期间交通方式构成分析[J].道路交通与安全,2007(1):45-47.

[50] 安志强.奥运观众交通预测及组织规划研究[D].北京:北京工业大学,2004.

[51] 马国忠,吴丹.大型活动公共交通保障方案研究[J].交通运输工程与信息学报,2012,10(4):8-12.

[52] 程婕.城市客运交通枢纽规划研究[D].西安:西安建筑科技大学,2005.

[53] 周凯科.基于交通网络的综合客运交通枢纽对外衔接对策研究[D].西安:长安大学,2009.

[54] 杜恒.铁路客运枢纽地区路网结构比较研究[J].城市交通,2010,8(4):23-32.

[55] 杨晓康,王晓英,霍连才.天津机场陆侧交通组织方案研究[J].江西建材,2016(19):154+156.

[56] 黄志刚,荣朝和.北京城市客运交通枢纽存在的问题及分析[J].综合运输,2008(6):34-39.

[57] 朱胜跃.综合客运枢纽功能布局与交通组织探讨[J].特种结构,2011(8):185-189.

[58] 宗婷.基于多种交通方式的客运枢纽交通组织研究[D].西安:长安大学,2008.

[59] 蒋万军,白雪梅.大型综合交通枢纽流线组织设计[J].都市快轨交通,2014,27(4):12-16.

[60] 王海燕.天津西站综合交通枢纽区域交通设计理念[J].中国市政工程,2012(4):8-10+111-112.

[61] 德华.城市规划原理[M].北京:中国建筑工业出版社,2001.

[62] 阳建强,吴明伟.现代城市更新[M].南京:东南大学出版社,1999.

[63] 李佳桐. 老城区微循环路网的单向交通组织优化研究[D]. 北京：北京交通大学，2017.
[64] 郝世洋，吴哲凌，赵光华，等. 老城区交通改善规划实践——以银川新华商圈为例[J]. 交通与运输，2020，36（S02）：5.
[65] 市规划资源局. 关于印发《南京市建筑物配建停车设施设置标准与准则（2019版）》的通知[R]. 南京市人民政府，2019.
[66] 中国城市规划设计研究院，同济大学，南京市交通规划研究所有限责任公司，等. 建设项目交通影响评价技术标准[Z]. 行业标准–城建. 2010.
[67] 叱诚，潘晓东，陈丽烨. 城市商业广场地下停车场交通设计若干理念[J]. 交通科学与工程，2011，27（1）：94-100.
[68] 美国交通研究委员会. 美国道路通行能力手册[M]. 北京：人民交通出版社，2007.
[69] 黄华. 地域文化视野下人文型遗产景区空间序列营造研究[D]. 西安：西安建筑科技大学，2020.
[70] 曹芳，曾柯. 大型"城中型"山水景区综合交通规划探讨——以大南山片区综合交通规划为例[J]. 建材与装饰，2020（8）：127-128.
[71] 王念念，葛梅，潘义勇. 城市型景区非机动车停车现状调查与规划——以南京玄武湖为例[J]. 物流科技，2019，42（11）：95-100.
[72] 许冰晨，胡宇娜，马鑫涛，等. 海岛型景区交通服务体系分析与现代化治理探讨——以山东长岛为例[J]. 中国海洋社会学研究，2021（9）：153-164.
[73] 王杰. 面向智慧景区的交通大数据服务平台[D]. 杭州：浙江大学，2019.
[74] 秦娟. 快速交通背景下郑汴洛休闲旅游联动发展研究[D]. 郑州：河南大学，2013.
[75] 杨泽雨. 城市型风景名胜区慢行交通设施优化研究[D]. 南京：东南大学，2022.
[76] 李峥峥. 基于舒适度评价的城区自行车专用路优化设计方法[D]. 北京：北京建筑大学，2021.
[77] 吴娱婉. 公交站台在城市文化传播中的符号运用及意义建构[D]. 兰州：甘肃政法大学，2021.
[78] 黄娟，於昊，邰俊成. 半岛型旅游景区综合交通规划策略研究——以阳澄湖半岛为例[C]. 中国城市规划学会城市交通规划学术委员会. 协同发展与交通实践——2015年中国城市交通规划年会暨第28次学术研讨会论文集. 中国建筑工业出版社，2015：1.
[79] 杜先汉. 大型景区交通组织优化探讨——以武汉东湖绿道为例[J]. 交通企业管理，2019，34（6）：46-48.
[80] 张沛. 基于供需平衡的高铁站片区交通组织优化研究[D]. 济南：山东建筑大学，2019.
[81] 孔政，时晨. 南京市秦淮区夫子庙景区周边道路交通管理规划思考[J]. 学理论，2015（22）：108-111.
[82] 刘金. 历史镇区及周边地区交通组织策略研究——以周庄为例[C]// 中国城市规划学会. 城市时代，协同规划——2013年中国城市规划年会论文集. 青岛：青岛出版社，2013.
[83] 索亚男. 大型体育赛事对城市发展积极影响初探——以2014年南京青奥会为例[J]. 少年体育训练，2010（6）：72-73.
[84] 丁贞钰. 南京青奥会交通组织管理研究[J]. 现代交通技术，2014，11（3）：4.